서울대 MBA에서
가르치는 경영 이야기

회계 마스터하기

서울대 MBA에서 가르치는 경영 이야기

회계 마스터하기

한눈에 깨우치는 비즈니스의 언어

초판 1쇄 발행 2025년 6월 30일

지은이 최종학·최선화

펴낸곳 서울대학교출판문화원
주소 08826 서울 관악구 관악로 1
도서주문 02-889-4424, 02-880-7995
홈페이지 www.snupress.com
페이스북 @snupress1947
인스타그램 @snupress
이메일 snubook@snu.ac.kr
출판등록 제15-3호

ISBN 978-89-521-3950-4 04320
978-89-521-3933-7 (세트)

서울대 MBA에서
가르치는
경영 이야기

회계 마스터하기

한눈에 깨우치는 비즈니스의 언어

최종학 · 최선화 지음

서울대학교출판문화원

발간사

경영학은 기업에서 일하는 사람에게만 필요하다는 오해가 있습니다. 하지만 현대 사회에서 경영학은 모든 사람이 알아야 할 상식입니다. 경영학을 공부하면 자영업을 비롯한 사업에 도움이 되는 것은 물론, 자신이 속한 조직에서 일을 더 잘할 수 있는 자양분이 됩니다. 외부 환경의 기회와 위협, 자신의 강점과 약점을 분석해서 전략을 수립하고 그것을 효율적으로 실행할 수 있는 방법은 무엇인지 더 잘 판단할 수 있기 때문입니다.

경영학은 재산을 관리하는 데도 활용됩니다. 퇴직연금은 어떻게 관리해야 하는지, 월세와 전세 중에서 어떤 것이 더 좋은지, 빚을 내서 집을 사야 할지에 대한 판단을 내릴 때 도움을 줍니다. 주식 투자를 할 때도 물론입니다. 재무제표를 해석하고, 어떤 기업이 성장해 더 큰 수익을 낼 수 있는지를 분석하는 데 도움을 주기 때문입니다.

경영학은 우리가 의미 있는 삶을 사는 데도 도움이 됩니다. 우리가 이루고자 하는 사명을 추구하면서 동시에 건강을 챙기고 화목한 가정을 이루기 위해 우리가 가진 시간과 관심을 어디에 얼마만큼 투자할 것인지를 결정하는 데 도움을 줄 수 있습니다.

그런데 일반인이 경영학을 공부하기가 쉽지는 않습니다. 대학 교재로 나온 두꺼운 책들은 경영학 전공 학생들을 독자로 상정하고 만든 것이기 때문입니다. 이번 시리즈는 일반인이 경영학의 핵심 내용을 쉽게 파악할 수 있도록 하기 위해 기획했습니다. 고등학교를 졸업한 사람이라면 스스로 읽어 쉽게 이해할 수 있고, 짧은 시간에 핵심을 파악할 수 있도록 핵심 위주의 적은 분량으로 책을 만들었습니다.

이 시리즈를 출간하는 과정에서 많은 분들이 도움을 주셨습니다. 특히 교육과 연구로 매우 바쁘신 중에도 시리즈의 기획 취지에 공감하여 작업에 동참해 주신 여덟 분의 교수님께 진심으로 감사드립니다.

서울대학교출판문화원 대표이사 원장

이경묵

머리말

초보 러너들 사이에서 잘 알려진 앱이 있다. 이 앱은 30분을 계속 달리기 위해 점진적인 러닝 플랜을 제공하며, 음성 코치가 실시간으로 설명과 응원을 제공한다. 처음에는 5분도 달리기 힘들었던 초보자도 이 프로그램을 꾸준히 따라하면 쉬지 않고 30분 동안 달릴 수 있게 된다.

이 책은 회계에 관심 있는 비전공자와 일반인에게 회계의 기초를 익힐 수 있는 프로그램을 제공하고자 한다. 회계 초보자들이 회계의 기본 원칙을 이해하고 이를 실생활이나 업무에 활용할 수 있도록 쉽고 친절하게 도와주는 것이 이 책의 목적이다. 또한 독자들이 회계의 기초를 넘어 보다 전문적인 수준으로 나아갈 수 있는 발판을 마련하고자 한다.

이 책은 다음과 같은 독자를 대상으로 한다.

- 회계에 대한 지식이 없는 일반인
- 비전공자이지만 회계 지식이 필요한 직장인
- 창업이나 사업을 계획 중인 예비사업가와 현재 사업을 운영 중인 경영자

- 회계정보를 투자결정에 활용하고자 하는 주식투자자
- 회계 학습을 처음 시작하려는 학생

기업은 재무제표라는 회계보고서를 작성하여 이를 외부에 공시하고 다양한 이용자는 이러한 회계정보를 이용한다. 대학에서 이루어지는 일반적인 회계교육은 재무제표 작성자의 관점에서 숫자의 계산과 거래에 대한 회계처리에 중점을 두는 경우가 많다. 그러나 재무제표의 이용자 관점에서는 이러한 복잡한 과정을 모두 이해할 필요가 없다. 정보를 어떻게 만드는지를 아는 것보다, 필요한 정보를 파악하여 의사결정에 활용하는 것이 더 중요하기 때문이다. 스마트폰을 잘 사용하기 위해 스마트폰 제작 과정을 모두 배울 필요가 없는 것과 같은 이치다. 이 책은 주어진 회계정보를 이용하는 데 초점을 맞추어 저술되었다.

이 책은 다음과 같은 특징을 갖고 있다.

- 회계에서 사용되는 기본 개념을 최대한 쉽게 설명하였다. 특히 재무제표 이용자의 입장에서 중요한 주제에 집중하였다.
- 재무제표 정보를 실제로 활용할 수 있는 구체적 방법들을 제시하였다.
- 실제 회사의 사례들을 제시하였다.
- 각 장마다 관심 있는 회사의 재무제표를 직접 분석할 수 있도록 관련 주제에 대한 질문들을 제시하였다.
- 거래에 대한 회계처리와 숫자 계산은 의도적으로 최대한 배제하였다. 이러한 부분에 관심이 있는 독자들은 다른 책을 참고할 것을 권장한다.

이 책은 저자들이 학부, MBA, 경영자 과정, 기업 등에서 강의한 경험을 바탕으로 집필되었다. 독자들이 회계를 배우고 이해하는 과정에 이 책이 도움이 되기를 기대한다.

2025년 6월

최종학·최선화

차례

1 | 회계를 배우자

경영자가 좋은 의사결정을 내리기 위해서는 신뢰할 수 있는 양질의 정보가 필요하다. 자금조달이나 외부보고 목적으로 회계정보를 활용하는 것뿐만 아니라, 기업 내부 의사결정을 위해서도 회계정보를 효과적으로 활용해야 한다.

Let's Learn Accounting

아는 만큼 보인다

재무제표라고 불리는 기업의 회계보고서는 숫자와 이해하기 어려운 전문용어(계정과목)들로 가득하다. 회계를 모르는 많은 사람들에게 재무제표는 무의미한 숫자와 표를 나열한 것에 불과하다. 그러나 재무제표는 기업의 상태와 성과에 대해 끊임없이 이야기하고 있다. 예를 들어 어떤 재무제표는 "이 회사는 조만간 재무적 어려움을 겪을 것"이라고 경고하고, 또 다른 재무제표는 "이 회사는 탄탄한 사업모델을 바탕으로 꾸준히 성장하고 있다"고 말하기도 한다.

'아는 만큼 보인다'라는 말처럼 회계를 이해하는 사람만이 이러한 이야기를 들을 수 있다. 그래서 회계를 기업의 언어the language of business라 한다. 영어를 알아야 영어로 이루어지는 대화를 이해할 수 있고, 코딩 언어를 알아야 프로그램을 만들어 낼 수 있듯이, 재무제표를 읽는 법을 배우면 투자기회나 기업의 부도위험과 같은 중요한 정보들이 눈에 보이기 시작한다. 반대로 회계를 모르면 기업에서 어떤 일이 벌어지는지 파악할 수가 없다. 정보가 주어지는데도 이를 활용할 수 없는 것이다.

회사의 경영자는 회계를 통해 회사의 재무상태와 경영성과에 대한 정보를 외부에 전달한다. 외부 정보이용자는 이 회계 정보를 활용해 자신들의 의사결정에 필요한 유용한 정보를 얻는다. 이것이 회계의 역할이다.

회계를 이해하는 것은 직장인, 경영자, 그리고 주식투자자 등 다양한 사람들에게 꼭 필요하다. 직장인은 회계를 통해 자신이 속한 회사가 어떻게 운영되고 있는지 이해할 수 있으며, 이는 직무 수행 능력을 높이고, 경력발전에도 도움이 된다. 특히 회사에서 직급이 높아져 더 많은 영역을 담당하고 주요 의사결정을 내리기 위해서는 필수적으로 회계를 이해해야 한다. 사업을 직접 경영하는 대표나 회사의 임원은 재무제표를 통해 자신이 경영하는 사업의 상황을 잘 파악하여 효과적인 경영전략을 세울 수 있다. 주식투자자는 관심 있는 회사의 재무상태와 경영성과 등을 분석하여 자신의 투자결정에 이용할 수 있다.

더 보기

회계를 배우라는 두 거인의 조언

제이미 다이먼Jamie Dimon은 2006년부터 세계 최대 금융회사인 JPMorgan

Chase를 이끌며 금융계의 구루guru로 인정받고 있는 CEO이다. 2024년 월스트리트저널이 그에게 물었다.

"JPMorgan에 입사하고 싶어 하는 젊은 친구들에게 대학에서 무엇을 공부하라고 조언하시겠습니까?"

그는 다음과 같이 답했다.

"솔직히 무엇을 공부하든 상관없습니다. 우리는 똑똑하고 윤리적이며 훌륭한 사람들을 찾습니다. 하지만 비즈니스 분야에서는 회계를 배우는 것이 중요합니다. 회계는 비즈니스의 언어이니까요."

세계 최고의 투자회사로 유명한 버크셔 해서웨이Berkshire Hathaway의 CEO이자 세계에서 가장 부유한 사람 중 한 명인 워런 버핏Warren Buffet도 같은 의견을 여러 차례 강조한 바 있다. 버핏 또한 회계를 "비즈니스의 언어"라 부르며, "특히 투자자라면 회계를 모국어처럼 익숙하게 사용할 수 있어야 한다"고 말한다.

회계는 기업의 활동을 반영하는 거울

기업에서는 다양한 거래들이 일어난다. 예를 들어 고객으로부터 주문을 받고, 창고에서 제품을 출고해 운송하며, 대금을 회수하고, 제품을 개발하거나 직원을 채용해 급여를 지급하는 등의 활동이 있다.

"회계시스템"은 이러한 거래들을 "기록", "분류", "요약"하여 외부에 "소통"하는 역할을 한다. 그리고 일정 기간마다 재무제표라는 결과물을 만들어 낸다. 즉 기업의 수많은 경제적인 거래들이 회계시스템의 입력물input이고, 재무제표는 그 출력물output이라고 볼 수 있다. 따라서 회계의 핵심 역할은 기업의 다양한 활동을 종합적으로 반영하여 기업에 대한 "정보"를 이해관계자들에게 제공하는 것이다.

[그림 1-1] 회계시스템

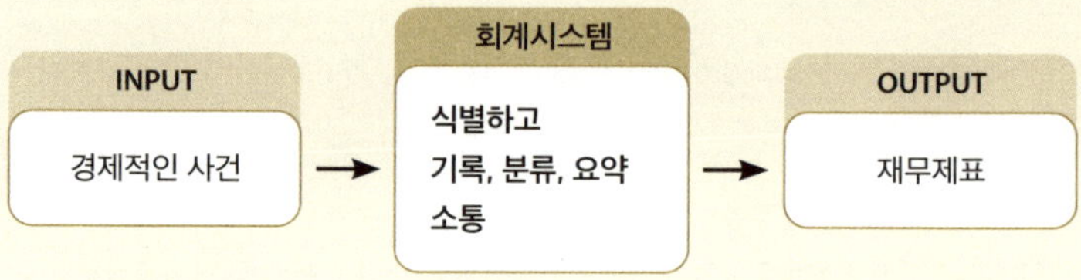

기업의 모든 개별 활동이 공개되지는 않지만, 모든 거래가 반영되어 작성된 재무제표는 외부에 공시된다. 따라서 투자자와 같은 외부 정보이용자는 재무제표를 통해 기업의 상황을 이해하고 평가할 수 있다. 이를 위해서는 우선 거래가 회계시스템에 어떻게 반영되고 기록되는지를 이해해야 하는데, 이것이 회계에 대한 기본 지식이 필요한 이유다. 즉 재무제표의 숫자들과 이와 함께 제공되는 추가적 정보를 분석하여 궁극적으로 기업의 활동을 이해할 수 있는 것이다.

예를 들어 재무제표를 통해 기업의 성장성, 수익성, 현금 보유 수준, 자본 조달 방식, 투자 방향 등을 파악할 수 있다. 또한 기업의 경쟁력, 재무건전성, 그리고 장기적인 지속 가능성에 대한 정보도 알 수 있다. 이러한 분석을 통해 얻어진 정보는 투자나 대출 같은 의사결정에 중요한 기초자료가 된다. 이처럼 기업 외부의 이해관계자들의 의사결정에 도움이 되는 정보를 제공하기 위한 회계의 영역을 재무회계라고 부른다.

경영자가 회계에 관심을 기울여야 하는 이유

재무제표는 기업 정보를 외부에 전달하는 중요한 수단이며, 이를 바탕으로 다양한 의사결정이 이루어진다. 예를 들어 기업의 성과가 좋지 않으면 경영자의 보너스가 줄거나 CEO가 교체될 수 있고, 부채비율이 높으면 추가 차입이 어려워질 수 있다. 또한 재무제표 수치는 주가에 직접적인 영향을 미치며, 코스닥 상장기업은 영업손실을 연속으로 기록하면 관리종목에 편입되거나 상장폐지 심사를 받을 수 있다.

이처럼 재무제표가 중요하기 때문에 경영자들은 재무제표 수치에 관심을 기울인다. 경영자는 자신들의 경영의사결정이 재무제표에 어떤 영향을 미치는지 이해해야 한다. 예를 들어 다른 기업의 인수(M&A)가 재무제표에 미치는 영향이나, 자금조달 시 사용한 금융상품이 자본으로 분류되는지 부채로 분류되는지를 명확히 알아야 한다.

또한 경영자는 다른 기업을 분석할 때도 회계 정보를 활용한다. M&A 대상 기업의 재무상태, 신규 고객의 신용도, 부품 공급자의 안정성을 평가할 때도 재무제표는 중요한 자료가 된다.

결론적으로, 경영자가 회계 정보를 이해하고 이를 기반으로 의사결정을 내리는 것은 기업 성공의 핵심 요소라고 할 수 있다.

더 보기

회계: 기업을 가장 빨리 그리고 크게 망하게 하는 방법?

경영대학의 학부나 MBA 강의에는 성공한 기업들의 경영 사례를 많이 다룬다. 주로 어떤 기업이 특정 전략을 잘 계획하고 수행해 성공을 거두었다는 내용이다. 안타깝게도 회계 관련 수업에서는 그런 사례를 활용하기 어렵다. 회계를 잘해서 기업이 성공했다는 사례가 없기 때문이다.

반대로 회계를 잘못해서 기업이 실패했다는 사례는 매우 많다. 우스갯소리로 기업을 가장 빨리 그리고 크게 망하게 하는 방법이 바로 회계라고 말하기도 한다.

성공가도를 달리는 것처럼 보였던 기업이 회계부정 사건으로 한순간에 사라진 사례들이 역사에 종종 존재한다. 2000년대 초반, 미국에서 가장 큰 에너지 기업이며 기업규모 기준 미국 4위의 대기업이던 엔론Enron은 회계부정이 밝혀지면서 파산했고, 주주들은 큰 손실을 입었다. 한국에서도 당시 기업규모 기준 4위였던 대우그룹이 재무제표에서 부실자산을 감추고 매출과 이익을 과대하게 보고했다가 1999년 파산했다.

2020년에 발생한 독일 와이어카드Wirecard의 사례도 회계부정의 대표적인 예이다. 와이어카드는 뮌헨에 본사를 둔 핀테크 기업으로, 온라인 결제와 금융 기술 서비스를 제공하며 한때 독일 주식 시장의 선두주자로 여겨졌다. 2018년에는 와이어카드의 시가총액이 240억 유로에 이르며 도이치뱅크Deutsche Bank의 시가총액을 넘어선 적도 있었다. 와이어카드의 최고경영자인 마르쿠스 브라운Markus Braun은 검정색 터틀넥 스웨터를 즐겨 입으며 종종 애플 창업자인 스티브 잡스와 비교되기도 했다.

영국 신문사 〈Financial Times〉가 몇 차례에 걸쳐 와이어카드 재무제표의 신뢰성에 의문을 제기했지만 독일의 규제당국은 이를 무시했다. 그러나 2020년 재무제표에 표시된 19억 유로의 자금이 실제로 존재하지 않는다는 사실이 드러났다. 와이어카드는 허위 매출과 자산을 재무제표에 기록해 투자자와 규제기관을 속여 왔던 것이다. 이 소식이 전해지자 와이어카드의 주가는 즉시 폭락했고, 회사는 결국 파산했다.

내부의사결정을 위한 관리회계

경영자가 좋은 의사결정을 내리기 위해서는 신뢰할 수 있는 양질의 정보가 필요하다. 자금조달이나 외부보고 목적으로 회계정보를 활용하는 것뿐만 아니라, 기업 내부 의사결정을 위해서도 회계정보를 효과적으로 활용해야 한다. 기업이 커지고 사업이 복잡해질수록 경영자가 모든 정보를 직접 파악하기 어려워지므로 의사결정 과정에서 회계정보의 의존도가 높아진다.

예를 들어 특정 사업부가 적정한 수익성을 내고 있는지, 생산하고 있는 제품들의 생산원가는 어떤지, 신규 투자한 사업의 현황이 어떤지를 경영자가 판단할 때 회계정보는 중요한 역할을 한다. 이러한 의사결정을 위해서는 외부보고 목적의 재무회계 시스템과는 별도로 운영되는 관리회계 시스템을 활용하면 더욱 효과적이다.

관리회계는 조직이 효과적으로 운영될 수 있도록 계획을 세우고, 성과를 평가하며, 자원을 배분하기 위한 정보를 제공하는 시스템이다. 구체적으로 원가 관리, 제품 가격 설정, 예산의 설정, 성과 평가 등 내부 의사결정에 필요한 정보를 제공함으로써 경영자의 의사결정을 돕는다.

더 보기

회계의 탄생과 발전

회계는 언제부터 시작되었을까? 놀랍게도, 고대 이집트와 메소포타미아에서 발견된 파피루스와 점토판에는 회계의 초기 형태를 엿볼 수 있는 기록이 남아 있다. 이 기록들은 주로 각 지역에서 징수한 세금과 그 세금을 어떻게 사용했는지를 기록한 것이다. 이후 페르시아, 그리스, 로마 시대에도 회계가 사용되었지만, 이는 비교적 간단한 수준의 기록에 불과했다. 회계가 본격적으로 발전한 것은 르네상스 시대, 특히 이탈리아 베니스의 상인들에 의해 체계화되면서부터이다.

르네상스 시대, 베니스와 제노바 같은 도시국가의 상인들은 동방무역을 통해 구입한 비단, 차, 향료, 설탕 같은 사치품을 유럽의 귀족과 왕에게 판매하며 부를 쌓았다. 그러나 무역선을 운영하기 위해서는 막대한 자금이 필요했다. 선박 구매, 항해 경비, 선원 봉급, 상품 구입비 등으로 인해 전 재산을 투자하고도 추가로 자금을 빌려야 했다. 여기에 태풍이나 해적을 만나 배가 돌아오지 못할 위험이 존재하기 때문에, 동방무역은 성공하면 큰돈을 벌지만 실패하면 모든 것을 잃는 고위험 고수익 사업이었다.

이러한 위험을 줄이기 위해 여러 상인들이 협력하여 자금을 출자하고 배를 공동으로 운영하는 방식이 등장했다. 여러 척의 배를 띄우고 항해가 끝난 후 총수익과 비용을 계산해 이익을 출자 비율에 따라 나누는 방식이었다. 이는 주식회사의 초기 형태로 볼 수 있다.

동방무역은 복잡하고 장기간에 걸친 사업이었기에 정확한 수익과 비용의 계산이 필수적이었다. 이 과정에서 체계적인 회계 기록 방식인 복식부기가 탄생했다. 복식부기는 "자산 = 부채 + 자본"이라는 회계등식에 따라 모든 거래를 왼쪽(차변)과 오른쪽(대변)으로 기록하는 방식이다. 이를 통해 거래 결과로 남는 자산, 부채, 자본의 상태를 명확히 파악할 수 있었다.

최초로 회계를 체계적으로 설명한 책은 루카 파치올리(1445~1510)가 저술한 Summa다. 그는 복식부기를 정리해 학생들에게 가르치기 위해 이 책을 저술했다. 파치올리의 책은 복식부기를 전 유럽으로 확산시키는 데 큰 역할을 했으며, 특히 이탈리아 피렌체의 메디치 가문이 설립하고 운영했던 메디치 은행은 이를 활용해 회계 장부를 체계적으로 관리하고 각 지점별 회계 감사를 실시했다. 메디치 은행은 당시 세계 최대 규모의 조직적 경영을 하는 기업이었다.

2 | 기업의 재무제표

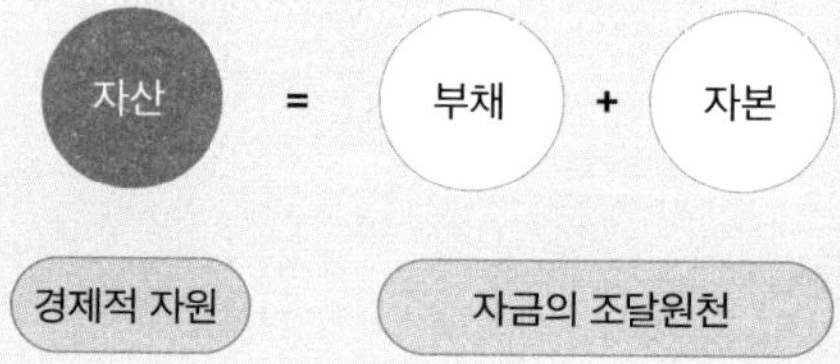

위 등식은 매우 간단해 보이지만 회계에서 가장 근본적이고 중요한 원리를 나타낸다. 기업의 규모와 상관없이 모든 나라의 기업에 대해 회계등식은 항상 성립한다. 이 관계를 이해하고 기억하는 것은 회계를 배우는 과정에서 중요한 첫걸음이 된다.

Financial Statements

Café샤의 개업 준비

재무제표의 구체적인 내용을 설명하기 전에, 다음과 같은 사례를 생각해 보자.

> 서경영씨는 작은 카페를 열기로 하고, 가게의 이름을 "Café샤"로 정했다. 그는 자신이 갖고 있던 자금 10,000을 투자하여 회사를 설립하고, 추가로 은행에서 3,000을 빌렸다.
> 마련된 총 13,000의 자금 중 가구(5,000)와 커피머신(6,000)을 구입하는 데 11,000을 사용했으며, 현재 남은 현금은 2,000이다.
> 20x1년 1월 1일, Café샤는 모든 준비를 마치고 본격적인 영업을 시작했다.

Café샤 사례에서, 자금을 어떻게 조달했고 사용했는지를 다음과 같이 그림으로 정리해 보았다.

Café샤의 개업 준비

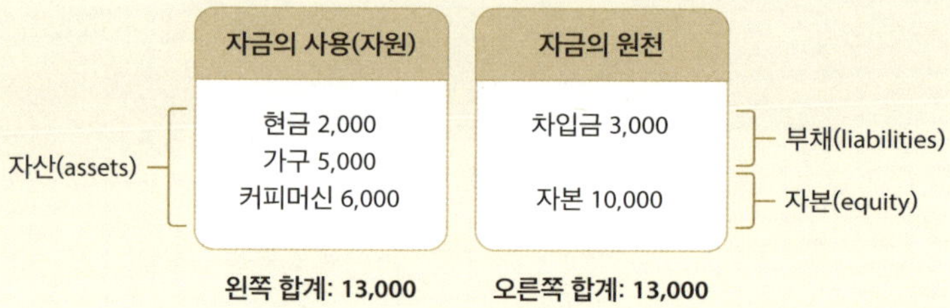

- 그림의 왼쪽에는 거래 결과 Café샤가 보유하게 된 경제적 자원을 정리하였다. 이를 회계용어로 자산[assets]이라고 한다. 예를 들어 현금, 가구, 커피머신 등이 자산에 해당한다.
- 그림의 오른쪽에는 자금의 조달 원천이 나타난다. 이 중 미래에 상환해야 할 의무가 있는 것은 부채[liabilities]이고, 주주로부터 조달한 자금은 자본[equity]이라 한다. 자본은 상환할 의무가 없다.

자산, 부채, 자본의 관계와 회계등식

Café샤 사례에서 자산(13,000)의 합계는 부채(3,000)와 자본(10,000)의 합계와 같다. 이를 정리하면 다음과 같다.

자산(13,000) = 부채(3,000) + 자본(10,000)

이 관계가 성립하는 이유는, 채권자로부터 빌린 자금(부채)과 주주들로부터 조달한 자금(자본)으로 기업이 보유하는 경제적 자원(자산)을 마련하기 때문이다.

"자산 = 부채 + 자본"이라는 관계는 Café샤 사례에만 적용되는 것이 아니라, 모든 기업에 대해 언제나 성립한다. 자산은 부채와 자본의 합과 일치하다는 아래의 관계를 회계등식accounting equation 또는 재무상태표 등식이라고 한다.

자산	=	부채	+	자본
경제적 자원		자금의 조달원천		

위 등식은 매우 간단해 보이지만 회계에서 가장 근본적이고 중요한 원리를 나타낸다. 기업의 규모와 상관없이 모든 나라의 기업에 대해 회계등식은 항상 성립한다. 이 관계를 이해하고 기억하는 것은 회계를 배우는 과정에서 중요한 첫걸음이 된다.

Café샤: 첫 달의 영업실적

다음은 Café샤가 첫 영업을 시작한 1월의 영업실적이다.

1월 중 Café샤의 커피 판매액은 1,500이었으며, 재료비 500, 임차료 200, 인건비 100이 발생하였다. 모든 거래는 현금으로 이루어졌다.

위의 거래들을 정리해 보면 다음과 같다.

Café샤: 첫 달의 영업실적

매출액		1,500	수익(revenue)
비용			비용(expenses)
재료비	500		
임차료	200		
인건비	100	800	
이익		700	이익(net income or profit)

커피 판매로 발생한 매출액은 회계에서 수익revenue이라고 하며, 재료비, 임차료, 인건비 등은 비용expense이라고 한다. 수익에서 비용을 차감한 결과를 이익net income 또는 profit이라고 한다. 반대로 비용이 수익보다 크면 손실loss이 발생한다. 본 사례에서 1,500의 수익에서 800의 비용을 차감해 700의 이익이 발생했다. 이를 공식으로 나타내면 다음과 같다.

수익 - 비용 = 이익

일상적으로는 수익과 이익이라는 용어를 혼용해서 사용하기도 하지만, 회계에서 수익은 영업 활동으로 벌어들인 총금액을, 이익은 수익에서 비용을 차감한 순금액을 의미한다.

1월 중 발생한 거래의 결과 Café샤가 보유한 자산, 부채, 자본은 어떻게 변화했을까?

회계등식은 항상 성립한다

20x1년 1월 31일 기준으로 Café샤의 현금잔액은 2,700이다. 이는 1월 초 현금잔액이 2,000이었고, 영업활동 결과로 현금이 700만큼 증가했기 때문이다. 다른 자산과 부채에는 변화가 없다고 가정하면, 20x1년 1월 말 기준 Café샤의 재무상태는 다음과 같이 정리된다.

Café샤의 재무상태

20x1년 1월 1일

자산 =	부채 + 자본
현금 2,000	차입금 3,000
가구 5,000	자본 10,000
커피머신 6,000	

20x1년 1월 중

매출액		1,500
비용		
재료비	500	
임차료	200	
인건비	100	800
이익		700

20x1년 1월 31일

자산 =	부채 + 자본
현금 2,700	차입금 3,000
가구 5,000	자본 10,700 (납입자본 10,000 + 이익잉여금 700)
커피머신 6,000	

Café샤의 총자산은 20x1년 1월 1일 기준 13,000에서 20x1년 1월 31일 기준 13,700으로 증가했다. 부채는 여전히 3,000이며, 서경영씨

의 몫을 나타내는 자본은 10,000에서 10,700으로 증가했다. 이는 영업 결과 발생한 이익 700이 자본에 가산되었기 때문이다. 이렇게 증가한 자본은 주주가 직접 투자한 금액(납입자본)과 구분하여 이익잉여금retained earnings으로 분류한다. 따라서 20x1년 1월 31일 기준으로 회계등식은 다음과 같이 성립한다.

자산(13,700) = 부채(3,000) + 자본(10,700)

두 가지 중요한 포인트

위 사례를 통해 다음과 같은 두 가지 핵심 개념을 이해할 수 있다.

① 경영활동에 따라 자산, 부채, 자본이 변화하지만, 회계등식은 항상 유지된다.

- 20x1년 1월 초와 20x1년 1월 말 기준으로 회계등식의 각 항목(자산, 부채, 자본)의 금액은 변동했지만, 각 시점에서 "자산=부채+자본"이라는 등식은 유지된다. 이는 회계의 가장 기본적인 원칙이다.

② 이익은 자본에 더해진다.

- 기업활동으로 발생한 이익은 자본 항목 중 이익잉여금에 더해진다.
- 수익이 발생하면 이익잉여금이 증가하고, 비용이 발생하

면 이익잉여금이 감소한다.

비록 이 사례는 단순화된 형태지만, 실제 회사에서도 동일한 원리가 적용된다.

- "자산 = 부채 + 자본"과 "수익 - 비용 = 이익"이라는 기본 식은 모든 기업에 보편적으로 적용된다.
- 기업 활동에 따라 자산, 부채, 자본, 수익, 비용이라는 다섯 가지 회계 요소는 서로 영향을 주며 변동한다.

이러한 원리를 이해하면 복잡한 재무제표에서도 기업의 재무상태와 경영성과를 분석하는 기초를 다질 수 있다.

회계의 작성원칙: 거래의 이중성

기업활동에서 발생하는 경제적 사건들을 거래transaction라고 한다. 이 중 자산, 부채, 자본에 변화를 일으키는 사건을 회계상 거래라고 한다. 회계상 거래는 회계시스템에 기록되어 기업의 재무제표에 반영된다. 예를 들어 고객과의 계약체결이나 주문접수와 같은 거래는 자산, 부채, 자본에 변화를 일으키지 않으므로 회계상 거래가 아니다.

Café샤에서 발생한 다음의 거래가 자산, 부채, 자본, 수익, 비용에 미친 영향을 살펴보면 다음과 같다.

- 은행에서 돈을 빌리면 차입금(부채)이 증가하고 동시에 현금(자산)이 증가한다.
- 커피를 판매하면 매출(수익)이 증가하고 동시에 현금(자산)이 증가한다.
- 매장 임차료를 지급하면 임차료(비용)가 증가하고 동시에 현금(자산)이 감소한다.

이처럼 하나의 거래는 자산, 부채, 자본, 수익, 비용 중 최소 두 개 이상의 항목에 동시에 영향을 미치는데, 이를 거래의 이중성이라고 한다.

거래기록의 원칙

회계시스템에 거래를 기록할 때는 일정한 원칙을 따른다. 우선 회계에서는 왼쪽과 오른쪽을 구분하며, 이를 표현하기 위해 차변debit과 대변credit이라는 용어를 사용한다. 거래의 이중성을 고려하여 아래의 원칙에 따라 회계거래를 기록한다.

- 자산과 비용의 증가는 왼쪽(차변)에 기록한다.
- 부채, 자본, 수익의 증가는 오른쪽(대변)에 기록한다.

위 기록원칙을 표로 정리하면 다음과 같다.

왼쪽(차변)	오른쪽(대변)
자산의 증가	부채의 증가
비용의 증가	자본의 증가
	수익의 증가

만약 항목이 감소한다면, 위의 표의 반대편에 기록한다. 예를 들어 자산의 감소는 오른쪽에 기록하고, 자본의 감소는 왼쪽에 기록한다.

왼쪽(차변)	오른쪽(대변)
부채의 감소	자산의 감소
자본의 감소	비용의 감소
수익의 감소	

위의 기록원칙은 회계등식(자산 = 부채 + 자본)을 떠올리면 쉽게 이해할 수 있다. 회계등식에서 자산은 왼쪽에, 부채와 자본은 오른쪽에 위치한다. 따라서 자산의 증가는 왼쪽에, 부채와 자본의 증가는 오른쪽에 기록하는 것을 이해할 수 있다. 수익과 비용은 회계등식에 직접 나타나지 않지만, 자본에 미치는 영향을 고려해 보면 다음과 같이 이해할 수 있다.

- 수익 증가: 자본이 증가 → 오른쪽(자본증가가 기록되는 쪽)에 기록
- 비용 증가: 자본이 감소 → 왼쪽(자본감소가 기록되는 쪽)에 기록

따라서 왼쪽(차변)과 오른쪽(대변)을 사용하는 회계 기록 방식은

복잡해 보이지만, 실제로는 회계등식에 기반한 간단한 약속이라는 것을 알 수 있다.

다음은 Café샤의 거래를 기록한 사례이다. 각 거래에 대해 왼쪽과 오른쪽에 기록되는 금액은 항상 일치한다는 것을 기억하자.

① 은행에서 3,000을 차입하여 현금 3,000이 증가함

현금 3,000	차입금 3,000

② 1,500의 커피 판매로 현금 1,500이 증가함.

현금 1,500	매출 1,500

③ 매장 임차료 200을 현금으로 지급함.

임차료 200	현금 200

실제 회계처리는 위의 원칙에 따라 분개journal entries라는 형식으로 기록된다. 거래가 발생할 때마다 이를 분개 형식으로 회계시스템에 입력하며, 이 과정에서 현금, 차입금, 매출, 임차료 등의 개별 항목이 사용된다. 이러한 항목을 계정account이라고 하며, 계정의 명칭은 계정과목이라고 부른다. 따라서 계정은 회계거래가 기록되는 기본 단위이다.

회계시스템에 입력된 기록을 통해 자산, 부채, 자본, 수익, 비용의 각 계정이 지속적으로 업데이트되며, 이러한 과정을 통해 재무제

표가 산출된다. 즉 다양한 거래가 회계시스템에 입력되고 이 결과로 회계시스템은 재무제표를 만들어 낸다.

대학에서 가르치는 회계원리나 중급회계 과목은 거래를 기록하는 회계처리에 집중하는 경우가 많다. 이러한 방식은 주로 계산과 분개에 초점을 맞추다 보니, 회계를 배우려는 학생이나 일반인이 회계를 어렵고 지루한 과목으로 느끼게 되는 원인이 된다. 이 책에서는 회계처리를 위한 분개를 의도적으로 다루지 않고, 대신 독자가 회계의 전반적인 개념을 이해하고 재무제표를 해석하고 활용할 수 있게 하는 데 집중하였다.

기업의 경영활동: 영업, 투자, 재무활동

재무제표를 이해하기 위해 먼저 기업의 경영활동을 파악해 보자. 기업의 활동은 크게 영업활동, 투자활동, 그리고 재무활동으로 구분된다.

영업활동

- 기업의 핵심 사업과 관련된 활동으로, 제품을 생산·판매하거나 서비스를 제공하여 수익을 창출하는 과정이다.
- 예: 제조업체의 제품 판매, 서비스 회사의 고객 서비스 제공, 소매업체의 상품 판매.

투자활동

- 미래 수익이나 현금을 창출하기 위해 필요한 장기적인 자산을 취득하거나 처분하는 활동이다.
- 예: 생산을 위한 기계 구매, 다른 기업의 주식이나 채권에 대한 투자.

재무활동

- 외부로부터 자금을 조달하거나 상환하는 활동이다.
- 예: 은행 대출, 주식 발행, 배당금 지급.

이 세 가지 활동은 독립적으로 이루어지는 것이 아니라 서로 밀접하게 연결되어 있다. 예를 들어 재무활동으로 조달한 자금이 투자활동에 사용되고, 이러한 투자의 결과는 영업활동을 통해 수익으로 연결된다. 이러한 경영활동의 결과로 기업의 재무상태와 경영성과가 변동하며, 재무제표는 이 변동에 대한 정보를 보고한다.

회계기간

재무제표를 이해하기 위해서는 회계기간의 의미를 알아야 한다. 기업의 경영활동은 계속적으로 이루어지지만, 정기적인 회계보고를 위해 이를 인위적으로 일정 기간으로 나눈 것을 회계기간이라고 한다.

통상적으로 1년을 회계기간으로 사용하며, 대부분의 국내 기업은 1월 1일부터 12월 31일까지를 회계기간으로 설정한다. 또한 분기 재무제표(3개월 단위)나 반기재무제표(6개월 단위)와 같은 단기 회계기간으로 작성된 재무제표도 있다.

재무제표를 해석할 때 해당 재무제표의 회계기간을 반드시 확인해야 한다. 이는 특정 시점의 재무상태(재무상태표)와 일정 기간 동안의 경영성과(손익계산서, 현금흐름표)를 이해하는 데 중요한 기준이 된다.

재무제표 작성의 대상이 되는 회계기간을 당기라고 하여, 당기 이전의 회계기간을 전기, 그리고 당기의 다음 회계기간을 차기라고 부른다. 보통 당기와 전기의 재무제표가 함께 보고된다. 회계기간이 1년인 경우 전기, 당기, 차기를 그림으로 나타내면 다음과 같다.

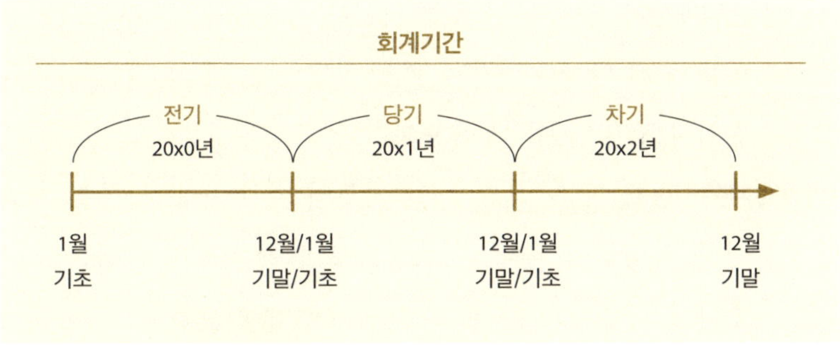

재무제표: 네 가지 표를 기억하자

정보이용자들이 회계정보를 쉽게 이해하고 활용하기 위해서는 정보가 표준화된 형태로 제공되어야 한다. 만약 기업들이 서로 다른 방식으로 정보를 제공한다면, 이를 해석하고 비교하기가 매우 어려워질 것이다. 이 문제를 해결하기 위해 회계정보는 표준화된 형식으로 작성되며, 이를 재무제표financial statements라고 한다.

재무제표는 다음의 네 가지 표와 주석으로 이루어져 있다. 주석은 재무제표에 포함된 항목에 대한 세부 내용과 기업이 채택한 중요한 회계정책을 설명하여 재무제표를 보다 잘 이해할 수 있도록 돕는다. 다음의 네 가지 표를 기억하자.

① **재무상태표**: 특정 시점에서 기업이 보유한 자산, 부채, 자본을 보고한다. 기업의 재무상태와 자본구조(부채와 자본의 비율)를 파악하는 데 사용된다.

② **손익계산서**: 일정 기간 동안 기업이 달성한 수익, 비용, 그리고 이를 통해 발생한 이익(손실)을 보고한다. 기업의 경영성과와 수익성을 평가하는 데 유용하다.

③ **자본변동표**: 일정 기간 동안 기업의 자본 변동 사항을 보고한다. 유상증자, 배당 지급 등으로 인한 자본의 변화를 보여준다.

④ **현금흐름표**: 일정 기간 동안 기업의 현금유입과 현금유출을 보고한다. 현금흐름을 영업활동, 투자활동, 재무활동으로 구분하여 기업의 자금 창출 능력, 자금 흐름 등을 평가할 수 있다.

기본재무제표 네 가지

기본재무제표

- **재무상태표**: 재무상태 (자산, 부채, 자본)
- **손익계산서**: 경영성과 (수익, 비용, 이익)
- **자본변동표**: (자본의 변동)
- **현금흐름표**: (현금흐름의 원천별 정보)

재무제표에 대한 주석(기본 재무제표의 항목들에 대한 세부 내용과 기업의 중요한 회계정책에 대한 설명)도 재무제표에 포함된다.

재무상태표

재무상태표statement of financial position는 특정 시점(주로 회계기간 말)에 기업의 재무상태를 보여 주는 재무제표로, 자산, 부채, 자본의 항목과 금액을 나타낸다. 대차대조표balance sheet라는 용어가 과거에 사용되었으며, 일부에서는 여전히 사용되기도 한다. 재무상태표는 다음의 회계등식 각 구성요소의 구체적인 항목을 보고한다.

자산 = 부채 + 자본

재무상태표는 기업이 채권자와 주주로부터 조달한 자금의 구성과 금액 및 보유하고 있는 자산의 구성과 금액을 나타낸다.

재무상태표의 각 구성요소의 정의와 예는 다음과 같다.

①**자산**: 기업이 통제하며, 미래에 경제적 효익을 가져올 것으로 기대되는 자원이다. 예: 현금, 매출채권, 재고자산, 건물, 설비 등.

②**부채**: 기업이 경제적자원을 이전해야 하는 현재의 의무이다. 예: 매입채무, 차입금, 미지급비용 등.

③**자본**: 자산에서 부채를 차감한 잔여 지분으로, 기업의 소유주가 보유한 순자산이다. 예: 자본금, 이익잉여금 등.

기업의 자산, 부채, 자본은 끊임없이 변동하므로, 재무상태표가 "어느 시점을 기준으로 작성되었는지"를 반드시 표시해야 한다.

손익계산서

손익계산서income statement, statement of operation는 일정 기간 동안 기업의 경영성과를 보고하는 재무제표이다. 회계기간 동안 발생한 모든 수익, 비용, 이익(또는 손실)에 대한 정보를 제공한다.

손익계산서에서 보여 주는 항목들의 관계는 다음과 같다.

수익 - 비용 = 이익(또는 손실)

손익계산서의 각 구성요소의 정의와 예는 다음과 같다.

① **수익**: 고객에게 재화나 용역을 제공하는 활동 등에서 발생한 경제적 자원의 증가를 의미한다. 예: 매출액, 수수료수익, 이자수익, 배당수익 등.

② **비용**: 수익 창출 과정에서 희생된 자원의 가치를 말한다. 예: 급여, 감가상각비, 이자비용, 임차료 등.

③ **이익**: 수익에서 비용을 뺀 금액으로, 경영활동의 성과를 보여 준다.

손익계산서는 특정 기간 동안의 경영성과(수익, 비용, 이익)를 보고한다. 예를 들어 20x1년의 연간 성과를 보고한다면, 손익계산서에는 반드시 "20x1년 1월 1일부터 12월 31일까지"라는 기간이 표시되어야 한다.

자본변동표

자본변동표statement of changes in equity는 일정 기간 동안 기업의 자본이 어떻게 변동했는지를 보여 주는 재무제표이다. 예를 들어 다음과 같은 사건은 자본의 변동을 가져올 수 있다.

- 기업이 유상증자를 실시하여 주식을 발행하면 자본금과 자본잉여금이 증가한다.

- 당기순이익이 발생하면 이익잉여금이 증가한다.
- 현금배당을 지급하면 이익잉여금이 감소한다.

재무상태표를 통해 각 자본 항목의 기초 잔액과 기말 잔액은 알 수 있지만, 기중에 발생한 자본 항목의 증가와 감소의 원인은 알기 어렵다. 자본변동표는 이를 보완하여 기초의 자본항목, 기중에 발생한 거래로 인한 자본 변동, 기말의 자본항목별 금액을 보고한다.

현금흐름표

현금흐름표statement of cash flows는 일정 기간 동안 발생한 현금의 유입과 유출을 보고하는 재무제표이다. 재무상태표를 통해 현금의 기초 잔액과 기말 잔액은 확인할 수 있지만, 회계기간 동안 현금이 어디서 들어오고 어디로 나갔는지에 대한 구체적인 정보는 알기 어렵다. 이를 보완하기 위해 현금흐름표는 기업의 활동을 영업활동, 투자활동, 재무활동으로 나누고, 각 활동에서 발생한 현금의 유입과 유출금액을 보고한다.

재무제표에 대한 주석: 정보의 보물창고

앞서 설명한 네 가지 표는 주로 계정과목과 숫자로 구성되어 있다. 그러나 재무제표는 주석도 포함한다. 실제 기업의 재무제표를 보면, 상당히 긴 분량의 주석이 첨부되어 있음을 알 수 있다.

주석은 재무제표를 작성한 기준, 사용된 회계정책, 그리고 각 계정과목의 세부 내역을 설명한다. 주석은 재무제표를 정확히 이해하고 분석하는 데 필요한 필수적인 정보를 제공한다.

주석의 구성은 대체로 다음과 같은 순서를 따른다.

주석 1: 회사의 일반적 사항

- 회사의 주요 사업, 주주 구성, 연결대상 회사 등의 기본 정보.

주석 2: 재무제표 작성 기준 및 회계처리 방법

- 각 계정과목 회계처리에 사용된 중요한 회계정책을 설명한다.
- 예: 수익을 기록하는 기준, 감가상각방법, 재고자산평가 방법.

주석 3과 그 이후

- 이후 각 계정과목에 대한 추가적인 설명이 제시된다.
- 예: 재고자산 구성, 부채의 만기와 금리 등 세부 내역, 주요 계약 내용, 특수관계자 거래, 사업부별 실적 등.

정보이용자가 주석을 효율적으로 활용할 수 있도록, 재무제표의 각 계정과목에는 관련 주석 번호가 함께 표시되기도 한다. 예를 들어 손익계산서의 매출액 항목 옆에 주석 29번이라는 표시가 있다면, 이는 주석 29번에서 매출액에 대한 추가적인 정보를 제공한다는 뜻이다.

주석에 포함되는 내용은 회계기준에서 규정된 공시 의무에 따라 작성되며, 정보이용자에게 중요한 항목들이 포함된다. 주석에 제시되는 다음과 같은 정보는 특히 중요하다.

- **특수관계자와의 거래**: 주요 주주나 경영진, 특수관계에 있는 회사 등과의 거래 내역
- **우발부채**: 다른 회사에게 제공한 보증이나, 소송 진행상황
- **부문별 성과**: 주요 사업부별 경영성과

주석은 단순히 재무제표를 보완하는 것이 아니라, 숫자로는 알 수 없는 추가적이고 중요한 정보를 제공한다. 따라서 재무제표를 분석할 때는 주석을 반드시 참고해야 하며, 이를 통해 기업의 재무상태와 경영성과를 더욱 깊이 이해할 수 있다.

어떤 회계기준이 사용되는가?
국제회계기준의 도입과 사용

재무제표를 작성하고 공시하기 위해서는 명확한 규칙과 기준이 필요하다. 과거에는 각 나라가 독자적인 회계기준을 만들어 사용했지만, 국제적인 자본 거래가 확대되면서 공통된 회계기준의 필요성이 증가했다.

각국의 회계기준이 다르면 같은 거래라도 다른 숫자가 산출되어 재무제표를 이해하거나 비교하기 어려웠기 때문이다. 예를 들어 독일 회사인 다임러-벤츠Daimler-Benz는 1993년 미국 주식시장에 상장하였는데, 독일회계기준으로 작성된 손익계산서에서는 당기순이익이 보고되었으나, 이를 미국회계기준에 맞게 변환해 보니 거액의 손실이 발

생하였다. 회계기준의 차이로 인해 경영성과가 크게 변한 것이다.

회계기준의 차이로 인해 발생하는 문제를 해결하기 위해 유럽연합은 2005년부터 모든 상장법인에 국제회계기준International Financial Reporting Standards, IFRS을 도입하였다. 한국에서는 2011년부터 모든 상장기업과 금융기업에 국제회계기준 사용이 의무화되었다.

국제회계기준은 런던에 위치한 국제회계기준위원회에서 제정되며, 한국회계기준원은 이를 한국어로 번역하여 한국에 적용하는데 이를 한국채택국제회계기준K-IFRS이라고 한다.

현재는 130개 이상의 국가가 국제회계기준을 의무화 또는 허용하고 있다. 다만 현재 미국, 일본, 중국, 인도 등 일부 국가는 여전히 자국의 독자적인 회계기준을 사용하고 있다. 따라서 여전히 국가 간 재무제표의 비교 가능성에 제약이 있다. 각국의 국제회계기준 도입 현황은 www.ifrs.org에서 확인할 수 있다.

한국의 모든 회사가 국제회계기준을 사용하는 것은 아니다: 일반회계기준K-GAAP

한국의 모든 회사가 국제회계기준을 사용하는 것은 아니다. 상장기업과 금융기관은 국제회계기준을 따라야 하지만, 비상장기업은 K-GAAP이라고 불리는 일반회계기준을 사용한다(GAAP은 generally accepted accounting principles의 약자로서 일반적으로 인정된 회계원칙, 즉 회계기준을 의미하는 단어로 사용된다. 예를 들어 미국에서 사용되는 회계기준을 말할 때 US GAAP이라고 한다).

일반회계기준은 국제회계기준을 도입하기 전 한국에서 사용되던 회계기준을 기반으로 하고 있는데, 국제회계기준에 비해 상대적으로 간단하여 실무적으로 적용하기 쉽다. 비상장기업이라도 국제회계기준을 선택할 수 있지만, 반대로 상장기업이 일반회계기준을 선택할 수는 없다.

비상장기업 중 중소기업에 해당하는 경우, 중소기업회계기준을 적용할 수 있다. 중소기업의 부담을 줄이기 위해 중소기업회계기준은 일반회계기준보다 간단하게 적용할 수 있도록 설계되어 있다.

기업의 형태별로 적용하는 회계기준을 정리하면 다음과 같다.

기업의 형태	적용 회계기준	선택 가능한 회계기준
상장기업과 금융회사	한국채택국제회계기준	다른 선택 불가
비상장기업	일반회계기준	한국채택국제회계기준 선택 가능
비상장기업 중 중소기업	중소기업회계기준	일반회계기준 또는 한국채택국제회계기준 선택 가능

위와 같이 기업에 따라 적용되는 회계기준이 다르다 보니, 기업의 상황이 변화함에 따라 적용 회계기준을 변경해야 하는 경우가 발생한다. 예를 들어 비상장기업이 상장을 준비하는 경우, 일반회계기준에서 한국채택국제회계기준으로 변경해야 한다. 이 과정에서 두 회계기준 간의 차이로 인해 재무제표에 보고된 재무상태나 경영성과를 나타내는 수치에 큰 변동이 생길 수 있다.

한국회계기준원의 홈페이지(kasb.or.kr)를 방문하면 여러 가지 회계기준의 전문을 직접 확인할 수 있다. 본 책에서 설명하는 회계처리 방법은 한국채택국제회계기준을 바탕으로 한다.

재무제표를 어디서 찾아볼 수 있을까?

기업의 매출, 영업이익, 순이익 등 주요 회계정보는 증권사 앱과 검색 플랫폼 등을 통해 쉽게 확인할 수 있다. 기업의 IR(investor relations) 페이지에도 주요 재무정보가 공개된다. 그러나 자세한 재무제표(주석 포함)를 확인하려면 금융감독원이 운영하는 전자공시시스템(dart.fss.or.kr)을 이용하는 것이 좋다. 흔히 DART 시스템으로 불린다.

DART 시스템은 기업이 외부에 공시하는 보고서의 플랫폼과 같은 역할을 한다. 상장기업과 일정 규모 이상의 비상장기업이 공시한 모든 보고서를 찾아볼 수 있으며, 특히 상장기업이 매년 공시하는 '사업보고서'는 재무제표뿐 아니라 회사에 관한 중요한 정보를 포괄적으로 포함하고 있다.

상장기업의 연간 재무제표는 사업보고서의 "재무에 관한 사항"에서 확인할 수 있다. 반기나 분기 재무제표는 반기보고서와 분기보고서에 포함된다. 또한 사업보고서에 첨부된 감사보고서(또는 연결감사보고서)에서도 주석을 포함한 재무제표를 확인할 수 있다.

비상장기업은 일반적으로 사업보고서를 공시하지 않지만, 일정 규모 이상의 기업은 감사보고서를 공시하기 때문에 감사보고서에서 주석을 포함한 재무제표를 확인할 수 있다.

미국 상장기업은 미국 증권거래위원회SEC가 운영하는 EDGAR 시스템(www.sec.gov/edgar)을 통해 보고서를 공시한다. 10-K라고 불리는 연차보고서나 10-Q라고 불리는 분기보고서에서 주석을 포함한 재무제표를 확인할 수 있다.

더 보기

재무제표 숫자를 그대로 믿어도 될까?

재무제표는 회계기준에 따라 작성되지만, 회계처리에는 경영자의 주관적인 판단과 추정이 반영된다. 예를 들어 회계기준에 따르면 매출채권 중 회수가 불가능할 것으로 예상되는 금액을 비용으로 처리해야 하는데, 그러기 위해서는 미래에 발생할 일에 대해 예상하는 과정이 필요하다. 따라서 경영자의 주관적인 판단이 개입될 수밖에 없다. 또한 일부 회계처리에 대해서는 여러 가지 대안 중 경영자가 선택할 수 있는데, 이때 특정 목적을 달성하기에 유리한 회계처리 방법을 선택하기도 한다.

경영자는 때로는 특정 목적을 위해 재무제표에 보고되는 이익을 의도적으로 조정하기도 하는데, 이를 이익조정earnings management이라고 한다. 이익조정은 합법적인 회계처리 범위 내에서 이루어질 수도 있고, 경우에 따라 불법적이거나 비윤리적인 방법으로 진행되기도 한다. 예를 들어 가공 매출을 기록하거나 존재하지 않는 재고자산을 보고하여 이익을 높게 표시하는 것은 불법적인 분식회계에 해당한다.

기업이 유상증자나 부채 조달을 계획하고 있는 경우, 실적이 좋게 보이도록 이익을 실제보다 높게 보고하려는 유인이 있다. 또한 주가를 높이거나 임직원의 보너스를 더 많이 받기 위해 이익조정을 시도할 가능성도 있다. 일반적으로 이익을 높게 보고하는 방향으로 이익조정이 발생하지만, 이와는 반대로 경영자가 특정 기간에 의도적으로 큰 손실을 보고하는 현상이 발생할 수 있다. 후자의 경우를 Big

Bath(큰 목욕통, 회계절벽이라고도 번역함)라고 한다. 예를 들어 경영진 교체 시 신임 경영진은 이전 경영진의 책임으로 돌리기 위해 의도적으로 보수적인 회계처리를 수행해서 한꺼번에 큰 비용을 기록하기도 한다. 이후 경영성과가 개선되는 모습을 보여 주려는 의도에서 Big Bath를 수행하는 것이다.

경영자가 작성한 재무제표를 외부 이용자가 믿고 사용할 수 있도록 회계감사가 이루어진다. 독립적인 제3자인 회계법인이 회사가 제시한 재무제표가 회계기준에 따라 공정하게 작성되었는지 확인하고 이에 대한 의견인 감사의견을 제시한다. 보통 많은 경우 큰 문제가 없다는 의미의 적정의견을 받지만, 일부 기업은 한정의견, 부적정의견, 의견거절이 표시된 감사보고서를 받기도 한다. 이때는 회계정보의 신뢰성에 문제가 있다는 것이므로 각별한 주의가 필요하다.

회계감사를 하더라도 경영자의 과도한 이익조정이나 회계부정을 100% 적발해 낼 수 있는 것은 아니다. 모든 자료를 다 조사하는 것이 아니라 표본을 추출하여 감사절차를 수행하기 때문이다.

외부 정보이용자 입장에서는 재무제표에 보고된 이익 수치를 그대로 신뢰하기보다는, 이익조정의 동기와 배경을 파악하는 것이 중요하다. 기업의 성과를 평가할 때 이익조정의 징후를 식별하고 재무제표의 주요 항목을 면밀히 검토해야 한다. 또한 현금흐름표와 비교하여 이익 수치의 일관성을 확인하고, 산업 동향, 경쟁사 실적, 거시경제 환경 등 재무제표 외의 정보를 종합적으로 고려해야 한다. 이러한 과정을 통해 보고된 이익의 신뢰성을 평가하고, 보다 정확한 의사결정을 내릴 수 있다.

실전 재무제표 읽기

평소 관심 있는 기업을 선택하여 그 기업의 최근 재무제표를 직접 찾아보자. 가능하면 주석이 포함된 연간 연결재무제표를 이용하여 아래의 질문에 답해 보자.

1. 이 회사는 어떤 회계기준을 사용하고 있는가?
2. 재무제표에 표시된 숫자의 단위를 확인해 보자. (힌트: 각 재무제표 오른쪽 위에 표시된다.)
3. 이 회사의 재무상태표를 확인하여 회계등식이 성립되는지 확인해 보자.
4. 재무상태표에 보고된 여러 가지 계정과목(항목)들을 살펴보자. 재무상태표 계정과목 중 주요 항목은 무엇이 있는가? (힌트: 각 계정과목[예: 재고자산, 매출채권]을 총자산으로 나누어 비중을 구해 보자.)
5. 부채와 자본의 비율(부채/자본)을 부채비율이라고 부른다. 이 회사의 부채비율은 얼마인가?
6. 손익계산서에 보고된 여러 가지 계정과목(항목)들을 살펴보자. 손익계산서 계정과목 중 주요 항목은 무엇이 있는가? (힌트: 각 계정과목을 매출액으로 나누어 비중을 구해 보자.)
7. 손익계산서에 보고된 이익지표에는 무엇이 있는가?
8. 주석의 내용을 살펴보자. 주석에는 어떤 내용이 포함되어 있는가? 재무제표상 계정과목 옆에 표시된 주석의 번호를 찾을 수 있는가?
9. 실제 회사의 재무제표를 검토하면서 새롭게 알게 된 점은 무엇인가?

3 | 손익계산서

좀 더 자세히

손익계산서의 가장 첫 항목인 매출액은 기업의 가장 근본적인 이익 창출 원천으로, 기업의 수익성과 성장성을 평가할 때 중요한 지표가 된다. 제품이나 상품을 판매하는 기업의 경우 매출액은 재화 판매로 얻은 수익을 의미한다. 서비스를 제공하는 것이 주요 사업인 회사들의 경우 영업수익이 매출액에 해당된다.

Income Statement: A Closer Look

손익계산서가 왜 중요한가?

손익계산서는 기업의 일정 기간 동안의 경영성과를 보여 주는 재무제표로, “수익 - 비용 = 이익(손실)”이라는 기본 구조로 표현된다. 손익계산서를 통해서 다음과 같은 정보를 알 수 있다.

- 회사의 매출, 비용, 이익은 얼마인가?
- 비용의 구성항목은 어떻게 되어 있는가?
- 수익성(주요 사업을 통해 이익을 창출할 수 있는 능력)은 어떤가?
- 성장성은 어떤가?

기업가치나 주식가격은 회사가 창출할 수 있는 미래 이익에 따라 결정된다. 어떤 기업이 이익을 지속적으로 창출할 수 있고 그 성장률이 높다면 주식가격도 높게 형성된다. 투자자는 기업의 수익성과 성장성을 예측하여 적정 주식가격을 추정하는데, 이러한 가치평가 과정에 가장 중요한 기초정보를 얻기 위해 손익계산서를 분석한다. 투자자는 기업의 손익계산서를 통해 다음과 같은 항목을 평가한다.

- **수익성과 성장성:** 당기와 과거에 창출한 이익과 수익을 바탕으로 미래 수익성과 성장성을 예측한다.
- **비용 구조와 효율성:** 비용 항목의 구성과 효율성을 분석해 기업의 운영 효율성을 평가한다.
- **장기적인 가치:** 지속 가능성과 성장 가능성을 바탕으로 기업 가치를 판단한다.

따라서 손익계산서는 단순히 기업의 과거 매출과 이익을 보여주는 문서를 넘어, 투자자가 기업의 현재 상태와 미래 가치를 평가할 수 있는 핵심 정보를 제공한다.

더 보기

기업의 이익공시와 컨퍼런스 콜

상장기업들은 분기마다 경영성과를 보고하는데 이를 이익공시earning release라고 한다. 기업은 이익공시를 통해 해당 분기의 매출액과 이익 등의 주요 재무 정보를 외부에 공개한다. 투자자는 이 정보를 통해 기업의 최근 성과를 파악할 수 있다. 따라서 이익이 공시되면 이에 따라 주식가격이 급격히 상승하거나 하락하기도 한다.

미국에서는 많은 기업이 이익공시 이후 컨퍼런스 콜conference call을 개최한다. 이

때 기업의 최고경영자CEO 또는 최고재무책임자CFO가 나서서 실적과 경영상황에 대해서 자세히 설명하고, 투자자나 애널리스트의 질문에 답변하는 시간을 갖는다.

또한 경영자가 예상하고 있는 다음 분기 또는 연간 매출액이나 이익지표를 발표하기도 하고, 외부에 아직 알려지지 않은 중요한 기업의 전략이나 계획을 공개하기도 한다. 이렇게 중요한 행사인 컨퍼런스 콜의 내용을 이해하기 위해서는 기초적인 회계지식이 필요하다.

기업 홈페이지의 투자자정보investor relations 섹션에 이익공시자료를 볼 수 있고 과거 컨퍼런스 콜 녹음을 확인할 수도 있다. 따라서 투자자들이 이를 살펴본다면 기업의 경영성과와 전략을 상세히 이해할 수 있을 것이다.

손익계산서에 표시되는 다양한 "이익" 지표

손익계산서는 기본적으로 수익 - 비용 = 이익(손실)의 관계를 보여주지만, 구체적으로는 그 이외에도 다양한 항목과 단계별 이익지표를 포함하고 있다. 예를 들어 매출총이익, 영업이익, 당기순이익 등 여러 가지 "이익" 지표가 있으며, 매출원가, 판매비와 관리비, 이자비용 등 여러 상세 항목이 보고된다.

이를 바탕으로 다음 질문들을 생각해 볼 수 있다.

- 다양한 이익지표는 어떻게 다른가?
- 손익계산서는 왜 여러 가지 이익지표를 보고할까?
- 가장 중요한 이익지표는 무엇일까?

[표3-1] 손익계산서의 예시

손익계산서

20x1년 1월 1일 ~ 20x1년 12월 31일
20x0년 1월 1일 ~ 20x0년 12월 31일

ABC전자 (단위: 원)

	20x1년		20x0년	
매출		₩5,000,000		₩5,500,000
매출원가		(3,000,000)		(3,200,000)
매출총이익		2,000,000		2,300,000
판매비와 관리비		(1,200,000)		(1,300,000)
임차료	400,000		450,000	
급여	500,000		550,000	
감가상각비	200,000		220,000	
수도광열비	100,000		110,000	
영업이익		800,000		1,000,000
영업외손익		(40,000)		(50,000)
이자비용	40,000		50,000	
법인세차감전이익		760,000		950,000
법인세비용		(260,000)		(300,000)
당기순이익		500,000		650,000
주당이익		5.0		6.5
기타포괄손익		100,000		120,000
유형자산재평가이익	100,000		120,000	
총포괄손익		600,000		770,000

아래에서 다양한 이익 지표의 의미를 알아보자.

매출총이익: 매출액 - 매출원가

매출액에서 매출원가를 차감한 것을 매출총이익gross margin이라고 한다. 매출원가cost of goods sold란 기업이 판매한 제품이나 상품을 취득하기 위해 직접적으로 소요된 비용을 의미한다. 따라서 매출총이익은 재화의 판매로부터 발생한 직접적인 총이익을 나타낸다. 예를 들어 유통회사가 외부에서 70에 구매한 제품을 고객에게 100에 판매하였다면, 매출액은 100, 매출원가는 70, 매출총이익은 30이 된다.

매출총이익은 기업의 제품 경쟁력과 원가 관리 능력을 평가하는 데 핵심적인 지표로, 기업의 전반적인 영업 성과를 파악하는 첫 번째 단계라고 할 수 있다.

더 보기

매출총이익률

매출액 대비 매출총이익의 비율(매출총이익/매출액)을 매출총이익률이라고 한다. 예를 들어 매출액이 100이고 매출총이익이 30이라면, 매출총이익률은 30/100 = 30%가 된다. 이는 매출원가율이 70%라는 표현과 동일하다. 매출총이익률은 기업의 제품이나 서비스의 수익성을 평가할 수 있는 지표로, 비율로 표시되기 때문에 다른 기업이나 과거 성과와 비교하기에 용이하다.

매출총이익률은 업종과 산업에 따라 큰 차이가 발생한다. 예를 들어 명품 브랜드 제품을 판매하는 기업은 매출총이익률이 상대적으로 높을 것이며, 저가 제품을 판매하는 유통업체는 매출총이익률이 낮을 가능성이 크다.

매출총이익률이 높다고 해서 반드시 기업의 전체적인 수익성이 높은 것은 아니다. 제품을 판매하기 위해서는 마케팅 비용이나 연구개발비, 운반비 등 여러 가지 추가적인 영업 비용(판매비와 관리비)이 발생하기 때문이다. 예를 들어 명품 브랜드 제품은 제품원가가 낮아 매출총이익률은 높더라도, 높은 수준의 마케팅비용과 매장유지 비용이 발생하여 실제 수익성이 낮아질 가능성이 있다. 매출총이익은 다른 영업비용이나 기타 영업외비용을 고려하지 않았다는 것을 명심해야 한다.

더 보기

손익계산서에 매출원가가 없을 수도 있다

본문에서 설명한 손익계산서의 형식이나 항목은 제품이나 상품을 판매하는 회사를 기준으로 하고 있다. 그러나 서비스를 제공하는 회사의 경우 손익계산서 형식이 다를 수 있다.

서비스 기업의 손익계산서 형식

서비스 제공을 주요 사업으로 하는 회사는 손익계산서 첫 줄에 매출액 대신 영업수익이 나타날 수 있다. 매출액은 일반적으로 재화를 판매한 대금을 의미하기 때문에 서비스 기업에는 적합하지 않을 수 있기 때문이다. 또한 제품이나 상품을 판매하지 않는 서비스 기업은 매출원가의 개념이 존재하지 않기 때문에, 서비스 제공과 관련된 비용을 포함하는 영업비용이라는 항목이 영업수익 다음에 표시된다. 영업비용에는 서비스 제공을 위해 발생한 직접비용과 기타 운영비용이 포함된다.

영업이익 = 매출총이익 - 판매비와 관리비

영업이익operating income은 매출액에서 매출원가와 판매비와 관리비를 차감하여 계산할 수 있다. 즉 매출총이익 – 판매비와 관리비로 구할 수 있다. 판매비와 관리비selling, general, and administrative expenses를 간단히 줄여 '판관비'라고도 부르는데, 영업활동 중 발생한 비용 중 매출원가를 제외한 다른 비용항목을 포함한다. 판관비는 마케팅 비용, 인건비, 임차료, 연구개발비 등 다양한 비용 항목으로 구분된다. 만약 매출원가와 판관비의 합이 매출액보다 크다면 영업손실operating loss이 발생한다. 이는 기업의 주된 영업활동에서 손실이 발생하고 있음을 의미한다.

영업이익은 기업의 주된 영업활동에서 발생한 이익을 나타내며, 기업의 영업성과를 평가하는 데 중요한 지표로 사용된다. 영업이익은 일상적이고 지속적인 영업활동에서 발생한 수익과 비용을 반영하므로, 미래에도 지속될 가능성이 높다. 투자자와 경영자는 영업이익을 통해 기업의 핵심 비즈니스가 얼마나 효율적으로 운영되고 있는지 판단할 수 있다.

영업이익을 매출액으로 나눈 비율(영업이익/매출)을 영업이익률이라고 하며 기업의 수익성을 나타내는 중요한 지표로 사용된다. 예를 들어 매출이 100, 매출원가가 70, 판매비와 관리비가 15라면, 영업이익은 15이며 영업이익률은 15%(=15/100)이다. 영업이익률이 15%라는 것은 매출액 1원당 0.15원의 영업이익을 창출했음을 의미한다.

해당 기업의 영업이익률을 동종 산업의 다른 기업과 비교하여 상대적인 수익성을 평가할 수 있다. 또한 해당 기업의 과거자료와 비교해 기업의 수익성과 운영 효율성이 개선되었는지 또는 악화되었는지 판단할 수 있다.

더 보기

판관비에는 어떤 항목이?

판관비는 기업의 판매활동과 일반적인 관리활동에서 발생한 영업관련 비용을 말한다. 일반적으로 판관비에는 광고비, 관리나 판매활동을 담당하는 직원의 급여, 판매 및 관리에 사용되는 시설이나 비품의 감가상각비, 판매촉진비, 수수료비용, 경상적인 연구개발비가 포함된다.

판관비의 세부 항목은 기업의 주요 비용 구조를 이해하고 전기 대비 증감을 분석하는 데 유용하다. 판관비 세부 항목은 손익계산서에 표시되거나, 재무제표 주석에 별도로 보고되기도 한다. 이러한 정보를 통해 특정 비용 항목의 변화와 그 원인을 파악해 볼 수 있다.

유사한 비용이라도 관련 활동의 성격에 따라 판관비에 포함될 수도 있고 매출원가에 포함될 수도 있다. 예를 들어 제조업 기업의 경우 생산공정에서 일하는 직원의 급여나 생산시설의 감가상각비 등은 제품이라는 재고자산으로 기록되었다가 제품판매 시 매출원가로 처리된다. 반면 판매부서에서 일하는 직원의 급여나 해당 부서가 사용하는 건물의 감가상각비는 판관비로 분류된다. 따라서 판관비에 표시되는 감가상각비나 인건비는 기업에서 발생한 총 감가상각비나 인건비를 반영하는 것은 아니다.

법인세차감전이익 = 영업이익 + 영업외수익 - 영업외비용

법인세차감전이익 또는 세전이익은 영업이익에 영업외수익을 더하고 영업외비용을 차감하여 계산된다. 이 지표는 기업의 영업활동 외의 투자활동이나 재무활동에서 발생한 손익을 반영한 결과이며 영업이익보다 포괄적인 이익 지표를 제공한다.

영업외손익의 예는 지분법손익, 이자비용, 이자수익, 유형자산처분손익, 기부금 등이 있다.

당기순이익 = 법인세차감전이익 - 법인세비용

당기순이익은 법인세차감전이익에서 법인세비용을 차감하여 계산된다. 당기순이익은 기업의 주된 영업활동뿐 아니라 기타 활동에서 발생한 모든 손익을 반영한 최종적인 이익이다. 또한 부채조달에 따른 이자비용이나 정부에 납부해야 할 세금 등 모든 비용이 반영되므로, 최종적으로 주주에게 귀속되는 이익을 나타낸다.

주당이익

주당이익earnings per share, EPS은 주주가 궁극적으로 관심을 가지는 지표로서, 주식 1주당 벌어들인 순이익을 나타낸다. 주당이익은 다음과 같이 계산된다.

주당이익 = 당기순이익 / 유통주식수

위 식에서 유통주식수란 기업이 발행한 총주식 수에서 자기주식을 제외한 수량, 즉 시장에서 거래 가능한 주식수를 말한다. 주당이익이 높으면 기업이 더 많은 이익을 창출하고 있음을 의미한다. 투자자는 주당이익과 주가를 비교하여 현재 주가가 적정한지를 평가할 수 있다.

더 보기

기타포괄손익: 당기순이익과는 다른 손익항목

[표 3-1]의 예시 손익계산서에는 당기순이익 다음에 유형자산재평가이익이라는 기타포괄손익으로 분류되는 항목이 등장한다. 기타포괄손익은 대부분 미실현평가손익(아직 현금이 유입되거나 유출되지 않은 손익)으로, 특정 회계기준에 따라 별도로 분류되어 당기순이익에 포함되지 않는다. 따라서 전체 손익계산서의 구조는 '당기순이익+기타포괄손익=총포괄손익'의 형식이 된다.

기타포괄손익의 예로는 유형자산재평가이익이 있다. 기업은 보유 중인 토지나 건물 등의 유형자산을 회계연도 말의 공정가치로 재평가할 수 있는데, 유형자산의 가치 상승으로 인한 평가이익인 유형자산재평가이익은 당기순이익에 포함되지 않고 기타포괄이익으로 분류된다. 일부 금융자산의 공정가치 변동에 따라 발생한 미실현평가손익, 해외사업장의 외화재무제표를 원화로 환산하는 과정에서 발생하는 환산손익 등이 기타포괄손익에 해당한다.

일반적으로 회계정보 이용자들은 기타포괄손익이나 총포괄손익보다는 당기순이익이나 영업이익에 더 집중하는 경향이 있다. 기타포괄손익은 영업성과와 직접적인 관련이 적고, 환율, 시장가격 등 외부 요인에 의해 영향을 받는 경우가 많기 때문이다.

한국 기업들의 손익계산서를 살펴보면 많은 기업들이 두 개의 손익계산서를 공시하는 경우가 많다. 첫째는 매출에서 시작해 당기순이익까지 보고하는 일반적인 손익계산서이며, 두번째는 당기순이익에 기타포괄손익을 포함하여 총포괄손익을 보고하는 포괄손익계산서이다.

일부 기업들은 이와는 달리 단일의 포괄손익계산서에 매출부터 총포괄손익까지 모든 항목을 한꺼번에 보고하기도 한다. 보고 형식이 다르더라도, 각 항목의 위치와 의미를 알고 있다면 필요한 정보를 충분히 얻을 수 있다.

그래서 어떤 이익이 제일 중요한가?

손익계산서에는 다양한 이익 지표가 보고되므로, 이를 통해 기업의 성과를 다각도로 평가할 수 있다. 그러나 "어떤 이익이 가장 중요한가?"라는 질문에 대해 단 하나의 지표만을 선택하기는 어렵다. 분석 목적과 상황에 따라 중요한 이익 지표가 달라지기 때문이다.

한국에서는 손익계산서의 이익지표 중 영업이익이 가장 강조되는 것으로 보인다. 뉴스나 애널리스트 리포트 등에서 기업의 실적을 설명하거나 예측할 때 영업이익 수치가 많이 언급된다. 영업이익은 기업의 주된 영업활동에서 발생하는 수익과 비용을 반영하므로 핵심적인 이익창출능력을 보여 주며, 미래 지속 가능한 이익을 예측하는 데 적합하다. 영업이익은 중요한 지표이지만, 여기에만 집중할 경우 다음과 같은 한계가 있다.

- 거액의 영업외비용(예: 지분법손실, 이자비용, 구조조정비용)이 발생했다면 영업이익이 높아도 당기순이익은 낮을 수 있다. 예를 들어 투자한 관계기업의 성과가 악화되어 거액의 지분법손실이 발생했을 수도 있고, M&A결과 발생한 영업권에서 거액의 손상손실이 발생했을 수도 있다. 반대로 영업외수익(예: 투자수익, 유형자산처분이익)이 중요한 경우에도 영업이익만으로는 기업의 전체적인 경영성과를 제대로 평가할 수 없다.
- 연결손익계산서상 보고되는 영업이익은 자회사의 지분율에 상관없이 자회사의 성과를 전액 포함하고 있다. 따라서 지배기업이 실제로 보유한 지분율만큼의 이익을 반영하지 못한다. 예를 들어 모회사가 지분 60%를 보유한 자회사의 영업이

익이 100이라고 가정해 보자. 모회사와 자회사를 하나의 경제적실체(연결실체)로 본다면, 자회사의 성과 중 60%에 해당하는 60만 연결실체에 귀속되고 나머지 40은 외부주주의 몫이 된다. 그러나 연결손익계산서에는 자회사의 성과 전체인 100이 연결영업이익에 포함된다. 즉 연결손익계산서의 영업이익은 연결실체와 외부주주의 지분을 별도로 구분하지 않고 총액으로 표시하는 것이다. (연결재무제표에 대한 자세한 내용은 5장을 참고하자.)

손익계산서가 다양한 이익지표를 제공하는 이유는 정보이용자가 목적에 맞는 지표를 선택하여 사용하도록 돕기 위함이다. 예를 들어 기업이 판매하는 제품의 원가율을 알고 싶다면 매출총이익률을 분석하여 제품 판매와 원가 간의 관계를 파악할 수 있다. 영업활동의 지속 가능성을 평가하려면 영업이익이 적합할 것이고, 기업의 최종 수익성과 주주에게 귀속되는 이익이 얼마인지를 알고 싶다면 당기순이익을 활용할 수 있다.

궁극적으로 손익계산서의 종합적인 분석을 통해 기업의 전반적인 성과를 이해하고, 분석 목적에 맞는 이익 지표를 선택하는 것이 중요하다.

더 보기

EBITDA: 손익계산서에서는 찾을 수 없는 이익지표

EBITDA는 "earnings before interest, taxes, depreciation, and amortization"의 약자로, '이자, 세금, 감가상각비, 무형자산상각비 차감 전 이익'을 의미한다. EBITDA는 실무적으로 기업 성과를 측정하거나 기업 가치 평가에 자주 사용되지만, 손익계산서에는 별도로 표시되지 않는다.

EBITDA는 다음과 같이 계산할 수 있다.

- 손익계산서의 당기순이익에 법인세비용, 이자비용, 감가상각비, 무형자산상각비를 더한다.
- 또는 영업이익에 감가상각비와 무형자산상각비를 더해 산출할 수 있다. (힌트: 감가상각비와 무형자산상각비 총액은 현금흐름표의 영업현금흐름의 조정사항에 표시된 숫자를 사용하면 된다.)

EBITDA의 목적은 기업의 본질적인 영업 성과를 측정하는 데 있다. 이를 위해 이자비용, 세금, 감가상각비, 무형자산상각비와 같은 비용의 영향을 제거한다. 이러한 접근은 재무구조나 자산구조의 차이로 인해 발생하는 효과를 제거하여 기업 간 성과 비교를 용이하게 한다. 또한 감가상각비와 무형자산상각비는 비용으로 이미 이익에서 차감되었지만 실제 현금유출이 발생하지 않기 때문에, 이를 다시 더하면 EBITDA는 현금흐름과 유사한 지표로 활용될 수 있다.

그러나 EBITDA를 주요 의사결정에 사용하는 데는 몇 가지 단점이 있다.

첫째, EBITDA는 현금흐름과 비슷하지만 실제 영업활동에서 발생한 현금흐름을 정확히 측정하지는 않는다. 현금흐름을 정확히 평가하려면 현금흐름표에 보고된 영업현금흐름을 사용하는 것이 적합하다.

둘째, EBITDA 계산 시 감가상각비 등의 효과를 제거하기 때문에, 설비 투자와 같은 자본적 지출 때문에 발생하는 비용이 성과지표에 반영되지 않는다. 이로 인해 기업의 수익성이 과대평가될 가능성이 있다. 따라서 EBITDA를 성과 평가 지표로 사용할 경우 경영자는 설비 투자 등의 유형자산에 과잉 투자할 위험이 있다. 이는 비효율적인 투자결정으로 이어질 수 있다.

워런 버핏은 EBITDA가 지나치게 사용되는 점을 비판하며 다음과 같이 말했다.

"Does management think the tooth fairy pays for capital expenditures?"(경영자는 자본적 지출을 요정이 대신 지불해준다고 생각하는 걸까?)

이는 자본적 지출(예: 유형자산 취득)에는 실제 비용이 따르며, 이를 무시한 채 EBITDA에만 의존할 경우 잘못된 의사결정을 내릴 수 있다는 경고다.

수익을 기록하는 기준

손익계산서의 가장 첫 항목인 매출액은 기업의 가장 근본적인 이익 창출 원천으로, 기업의 수익성과 성장성을 평가할 때 중요한 지표가 된다. 제품이나 상품을 판매하는 기업의 경우 매출액은 재화 판매로 얻은 수익을 의미한다. 서비스를 제공하는 것이 주요 사업인 회사들의 경우 영업수익이 매출액에 해당된다.

매출액은 기업의 핵심 성과를 나타내므로, 매출 증가율이 높을수록 주식시장에서도 높은 평가를 받는 경우가 많다. 또한 매출액이 높은 기업이 큰 회사로 인식된다. 그러나 언제 얼마를 매출로 기록할 것인가는 회계적으로 전문가적 판단이 필요하다.

언제 매출로 기록할 것인가?

회사의 수익 창출 활동은 여러 과정을 거쳐 계속적으로 이루어진다. 예를 들어, 고객에게 주문을 받고, 재고를 확보하고 이를 고객에게 전달하고, 대금을 회수하는 등의 여러 단계를 거친다. 이러한 과정에서 어느 시점에 수익을 기록할 것인가? 일반적으로는 회사가 고객에게 약속한 의무를 이행하고 대금을 회수할 가능성이 높은 시점에서 수익을 기록한다.

상품 판매 기업은 일반적으로 고객에게 상품이 전달되는 시점에서 매출을 기록한다. 상품을 구입할 때 재고자산(자산)으로 기록했다가, 고객에게 전달하는 시점에서 매출액(수익)과 매출원가(비용)를 기록하는 것이다. 만약 외상매출이라면 이 시점에서 대금을 회수할 권리를 매출채권으로 기록한다. 고객으로부터 현금을 회수하는 시점과는 상관없이 매출(수익)을 기록한다는 점에 주의하자.

건설업, 소프트웨어 개발 등 장기간 진행되는 프로젝트에서는 이와는 다른 방식으로 수익을 기록해야 한다. 완성된 상품이 고객에게 전달되는 시점에 수익을 기록하면, 오랜 기간 동안 수익을 기록하지 않다가 전달 시점에 큰 금액이 한꺼번에 수익으로 기록되므로 기업의 기간별 경영성과가 왜곡되기 때문이다. 따라서 이 경우에는 진행률을 기준으로 매출을 기록한다. 프로젝트의 진행률을 계산하여 이를 총계약금액에 곱하는 방식으로 기간별 매출을 계산하는 것이다. 예를 들어 당기에 20%만큼 진행되었다면 총계약금액의 20%를 매출로 인식하는 것이다.

얼마를 매출로 기록할 것인가?

온라인 플랫폼에서 거래를 중개하고 수수료 5%를 받는 사업자를 생각해보자. 10,000원의 상품이 플랫폼에서 거래되어 구매자는 플랫폼

더 보기

매출액이 음(-)이 될 수 있을까?

매출액은 기업이 상품 판매나 서비스 제공으로 얻은 총수입을 나타낸다. 그러나 환불, 반품, 할인 등 일부 항목은 매출에서 차감된다. 예를 들어 우버Uber나 배달의 민족 등 플랫폼 사업자는 매출을 촉진하기 위해서 운전자, 소비자, 식당 등에게 쿠폰이나 인센티브를 제공한다. 이러한 비용 중 일부는 판매비와 관리비로 처리되지만, 성격에 따라 일부는 매출에서 차감될 수 있다. 그만큼 손익계산서에 보고되는 매출이 감소하는 것이다.

GRAB은 동남아시아에서 배달, 승차 호출, 금융 서비스를 제공하는 플랫폼 사업자다. GRAB은 사업 초기 시장 점유율을 확장하기 위해 소비자, 운전자, 식당 등 파트너들에게 인센티브와 할인을 대규모로 제공하였다. 이러한 할인항목은 매출에서 차감되어야 하는데, 차감할 금액이 총매출액인 수수료 수익보다 더 크게 발생했고, 그 결과 2019년 손익계산서에서 (-)845백만 달러의 매출을 보고했다. 음(-)의 매출이 보고된 것이다.

GRAB의 사례는 극단적인 사례이기는 하지만, 사업의 거래구조상 어떤 성격의 금액을 비용으로 처리할지(실무상 총액법이라고 함) 또는 매출액에서 차감할지(순액법)는 중요한 주제이다.

2024년 카카오택시사업을 운영하는 카카오모빌리티의 매출과 관련한 회계처리는 금융감독원의 지적을 받았다. 카카오모빌리티는 택시업체로부터 택시운임의 20% 정도를 수수료로 받고, 마케팅과 데이터사용 명목으로 운임의 16-17%를 다시 택시업체에게 돌려주는 사업구조를 운영하고 있었다. 카카오모빌리티는 택시업체로부터 받은 총수수료를 매출로 기록하고, 택시업체에게 지급한 금액을 비용으로 인식하는 총액법을 사용하여 회계처리했는데, 금융감독원은 차액만을 매출로 기록하는 순액법을 사용해야 한다고 지적한 것이다. 어떤 방법을 사용하든 이익에 미치는 영향은 없지만, 회계처리 방법에 따라 매출액으로 표시되는 사업의 규모에 큰 차이가 발생하는 사례이다.

사업자에게 10,000원을 지급하였고, 플랫폼사업자는 수수료 500원을 차감한 9,500원을 판매자에게 지급했다고 하자. 즉 거래액은

10,000원이고 플랫폼사업자가 받는 수수료는 500원이다. 이 경우 플랫폼 사업자는 얼마의 매출을 기록해야 할까? 거래금액인 10,000원을 매출로 기록하고 9,500원을 비용으로 기록해야 할까? 아니면 수수료인 500원을 매출로 기록해야 할까?

이 두 가지 방법은 모두 500의 이익을 보고하지만, 보고되는 매출은 10,000원과 500원으로 크게 다르다. 매출액을 높게 보고하고자 하는 경영자는 10,000원으로 매출을 보고하고 싶어 할지도 모른다. 그러나 플랫폼 사업자는 중개자로서 거래의 위험(예: 재고위험)을 부담하지 않으므로 수수료(500원)만 매출로 기록하는 것이 적절하다.

온라인판매자인 쿠팡의 사례를 생각해 보자. 쿠팡사이트에서 판매되는 상품 중 어떤 것은 "로켓배송" 아이콘이 붙어 있고, 어떤 상품은 그런 아이콘이 없다. 로켓배송 상품은 쿠팡이 직접 매입하여 소비자에게 판매하는 상품이고, 다른 상품은 개별판매자의 거래를 쿠팡이 중개하는 것이다. 소비자가 가격이 5,000원인 상품을 구매했을 때, 로켓배송 상품이라면 쿠팡이 전체거래금액인 5,000원을 매출로 기록한다. 그러나 중개상품인 경우 수수료만큼만 매출로 기록해야 한다. 즉 기업의 역할(재고위험 부담 여부 등)과 거래 조건에 따라 회계상 기록하는 매출액이 달라진다.

손익계산서 형식이 변경될 예정이다

국제회계기준위원회International Accounting Standards Board, IASB는 재무제표 표시방법을 개선하기 위해 수년간 개정 작업을 진행해 왔으며, 그 결과 2024년 IFRS 18 '재무제표의 표시와 공시'가 제정되었다. 이 기준은 2027년부터 적용될 예정이며, 주요 변경사항은 다음과 같다.

- **영업활동의 범위 확대**: 유·무형자산의 손상차손과 처분손익 등의 항목이 기존에는 영업외손익으로 분류되었다. 그러나 개정된 기준에서는 이들을 영업활동과 밀접하게 관련된 항목으로 간주하여 영업손익에 포함하도록 했다. 즉 영업활동의 정의가 확대되어 기존 영업손익 계산 시 제외되던 항목들이 영업손익에 포함될 예정이다.
- **투자활동과 재무활동에 관련한 손익의 구분**: 투자활동과 재무활동과 관련한 손익항목과 금액을 영업활동과 구분하여 표시한다. 관계기업이나 공동기업투자에서 발생한 지분법 손익, 배당수익 등은 투자활동으로 분류하고, 차입금에서 발생한 이자비용 등은 재무활동으로 분류한다.

그동안 국제회계기준은 손익계산서를 작성할 때 영업활동이나 영업이익에 대한 명확한 정의를 제공하지 않았다. 한국도 국제회계기준을 도입한 초기에는 이러한 방식을 따랐었으나, 기업마다 영업이익 계산방식이 달라 혼란이 발생했었다. 이에 따라 K-IFRS에서는 매출액에서 매출원가와 판관비를 차감하여 영업이익을 산출하도록 하는 별도의 규정을 추가하여 운영하고 있다. 그러나 2027년부터 적용될 새로운 기준에 따른 영업이익의 정의가 기존 K-IFRS에서 사용되던 영업이익의 정의와는 달라 혼란이 예상된다.

개정 후 손익계산서 예시

(단위: 천 원)

항목	금액	범주
매출	XXX	영업범주
매출원가	(XXX)	
매출총이익	XXX	
판매비와관리비	(XXX)	
유·무형자산손상차손	(XXX)	
유·무형자산처분손익	XXX	
외화환산손익(영업)	XXX	
영업손익	**XXX**	
지분법손익	XXX	투자범주
배당수익	XXX	
외화환산손익(투자)	XXX	
재무손익 및 법인세차감전손익	**XXX**	
차입금 및 리스부채 이자비용	(XXX)	재무범주
퇴직연금부채 이자비용	(XXX)	
외화환산손익(재무)	XXX	
법인세비용차감전손익	**XXX**	
법인세비용	(XXX)	
당기순손익	**XXX**	

더 보기

주가와 이익의 관계- PER

주식투자자들이 많이 사용하는 가치평가지표 중 하나는 주가이익비율price-to-earnings ratio, PER이다. 흔히 PER라고 불리는 이 지표는 주가를 1주당순이익earnings per share, EPS으로 나눈 값이다. 예를 들어 PER가 10이라는 것은 현재 주가가 연간 순이익의 10배에 해당한다는 뜻이다.

PER는 주식의 상대적인 가치를 판단하는 데 사용되기도 한다. 평균적으로 PER가 동종산업 기업보다 높다면 해당 주식이 상대적으로 고평가되었다고 볼 수 있다. 고평가된 주식은 향후 주가가 하락할 가능성이 높을 수 있다. 반대로 PER가 낮은 주식은 일반적으로 저평가된 것으로 해석되며, 매수기회로 간주될 수 있다. 저평가된 주식은 향후 주가 상승 가능성이 있다고 볼 수 있기 때문이다.

PER는 유용한 지표이지만, 위와 같은 해석이 항상 맞는 것은 아니다. 주가는 현재 이익뿐 아니라 미래의 이익과 이익 성장성을 반영하여 결정된다. 따라서 성장성이 높은 기업은 미래의 높은 이익 기대치로 인해 현재 주가가 높게 형성되어 PER가 높을 수 있다. 예를 들어 기술기업이나 혁신기업은 PER가 높더라도 미래 성장성을 고려하면 주가가 적정할 수 있다. 반대로 성장 가능성이 낮은 기업은 주가가 낮아 자연스럽게 PER가 낮게 형성된다. 즉 PER가 낮다고 해서 반드시 저평가된 주식은 아니다. 따라서 PER만을 사용해서 투자의사결정을 내리기는 어렵다.

실전 재무제표 읽기

미국에 본사를 둔 코스트코Costco는 저렴한 가격과 대량 판매를 전략으로 하는 회원제 창고형 할인점이다. 코스트코는 고객에게 저렴한 가격에 좋은 품질의 상품을 제공하기 위해 정책적으로 낮은 마진을 설정하고 있다. 코스트코의 손익계산서를 확인하여 상품매출총이익을 계산해 보면 매년 10~11%로 일정하다. 이는 경쟁사에 비해 훨씬 낮은 수준이다. 이렇게 낮은 마진율로 어떻게 이익을 창출할 수 있을까? 2장의 설명을 참고하여 코스트코의 재무제표를 찾아서 이에 대한 답을 직접 확인해 볼 수 있다.

코스트코의 손익계산서를 보면, 상품 판매에서 낮은 매출총이익이 발생함에도 불구하고 멤버십 연회비가 주요 수익원이 되는 것을 알 수 있다. 멤버십수익의 금액은 상품매출액의 2%에 불과하지만, 영업이익의 50%이상이 이 멤버십수익에서 창출된다. 또한 운영비를 최소화하고 있다. 즉 코스트코의 가격 전략은 고객 가치를 극대화하는 동시에 멤버십 운영과 비용 효율화를 통해 수익성을 유지하는 비즈니스 모델을 반영하고 있다. 이러한 전략은 손익계산서의 수익과 비용에 직접적으로 반영되고 있다.

평소 관심 있는 기업을 선택하고, 해당 기업의 최근 재무제표를 직접 찾아보자. 가능하면 주석이 포함된 연간 연결재무제표를 이용하여 아래의 질문에 답해 보자.

1. 최근 2년간 매출성장률을 계산해 보자. 현재 경제환경과 산업의 경쟁구도를 고려했을 때, 매출성장률의 변화 이유를 생각해 보자.
2. 최근 2년간 매출총이익률(%)을 계산해 보자. 현재 경제환경과 산업의 경쟁구도를 고려했을 때, 매출총이익률의 변화 이유를 생각해 보자.

3. 최근 2년간 영업이익률(%)을 계산해 보자. 현재 경제환경과 산업의 경쟁구도를 고려했을 때, 영업이익률의 변화 이유를 생각해 보자.
4. 영업외손익 중 중요한 항목에는 무엇이 있는가?
5. 회사의 판매비와 관리비의 세부항목을 찾아보고, 최근 2년간 주요 비용이 매출액 또는 총비용에서 차지하는 비중을 계산해 보자. 추세에 대해서 분석해 보자.
6. 손익계산서 분석을 바탕으로 회사의 강점과 약점을 평가해 보자.

4 재무상태표

좀 더 자세히

동인도회사의 성공에는 복식부기를 기반으로 한 체계적인 회계 시스템이 큰 역할을 했다. 회사는 전 세계에 걸쳐 수만 명의 직원과 자원을 운영하며, 수익과 비용을 정확히 계산하고 이를 주주들에게 보고해야 했다. 회계 시스템은 회사의 자산을 관리하고 수익과 비용을 정확히 보고할 수 있게 하였고, 이를 기반으로 투자자에게 지급할 배당금을 결정할 수 있게 되었다. 신뢰할 수 있는 회계 시스템 덕분에 투자자들은 경영진을 믿고 자금을 투자할 수 있었다.

Statement of Financial Position: A Closer Look

재무상태표로부터 어떤 정보를 알 수 있을까?

2장에서 간단히 설명한 바와 같이, 재무상태표는 특정 시점을 기준으로 기업이 보유한 자산, 부채, 자본의 금액과 주요 항목들을 보고하는 재무제표이다. 과거에는 대차대조표로 불렸으며, 미국에서는 Balance Sheet라는 용어를 사용한다. 재무상태표는 기업의 재무상태를 파악하는 데 핵심적인 정보를 제공하며 이를 통해 다음과 같은 중요한 사항을 확인할 수 있다.

- 기업은 어떤 항목의 자산을 보유하고 있으며, 그 규모는 어떤가?
- 기업이 부담하고 있는 부채에는 어떤 종류가 있으며 그 규모는 어떤가?
- 기업의 자본 구조(자본과 부채의 비율)는 어떤가?

- 기업의 유동성(단기 부채를 상환할 수 있는 능력)은 어떤가?
- 부채의 만기 구조(단기 부채와 장기 부채의 비율)는 어떤가?

재무상태표는 기업이 자금을 어떻게 조달했는지(부채와 자본)와 이를 어떤 자원(자산)에 투자했는지를 명확히 보여 준다. 예를 들어 아래 그림과 같이 자산 100, 부채 40, 자본 60일 경우, 자본조달 비중은 부채 40과 자본 60으로 구성되며, 부채비율(부채/자본)은 40/60 = 66.7%로 계산된다.

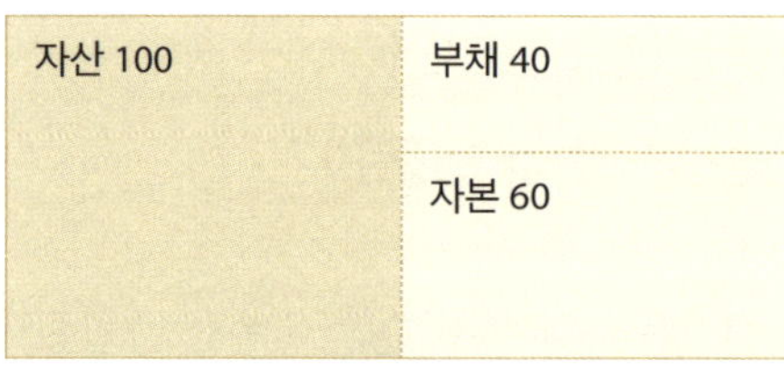

자산이 동일하게 100이라고 하더라도 아래와 같이 부채가 80, 자본이 20이라면 부채비율이 400%(=80/20)로 계산되며, 이는 기업이 자본보다 부채에 크게 의존하고 있다는 것을 의미한다. 이러한 높은 부채비율은 재무 위험이 증가할 수 있음을 시사하며, 이 경우 기업의 상환 능력과 안정성을 면밀히 검토할 필요가 있다.

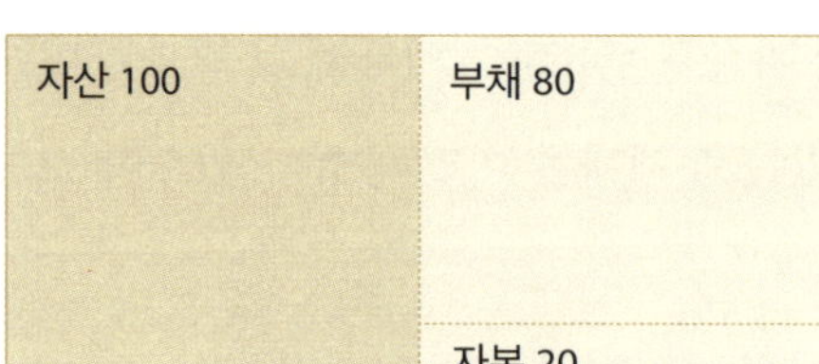

실제 재무상태표에는 자산, 부채, 자본의 세부계정(예. 현금, 매출채권, 재고자산, 매입채무)이 구체적으로 보고되며, 당기말의 숫자뿐 아니라 비교 가능한 전기말의 숫자도 함께 제공된다. 전기말 숫자와의 비교를 통해 각 항목의 구성변화와 증감요인을 분석할 수 있다.

재무상태표에서의 구분

자산과 부채는 유동과 비유동으로 구분된다.

재무상태표에서 자산은 크게 유동자산과 비유동자산으로 구분되어 표시된다.

- **유동자산**current assets: 통상 1년 이내에 현금으로 전환되거나 사용될 가능성이 높은 자산이다. 예를 들어 현금은 항상 유동자산에 해당하며, 매출채권이나 재고자산은 영업활동 과정에서 계속 발생하고 회수되므로 유동자산으로 분류된다.
- **비유동자산**non-current assets: 장기간 보유하는 자산으로, 토지, 건물, 기계장치와 같이 제품의 생산을 위해 사용되는 유형자산이나 장기 금융상품이 이에 해당한다.

부채 또한 유동부채와 비유동부채로 구분되어 재무상태표에 표시된다.

- **유동부채**current liabilities: 재무상태표 기준일(예: 20x1년 12월 31일)로부터 1년 이내에 만기가 돌아오는 부채를 말한다. 예로는 단기 은행차입금, 매입채무, 미지급금 등이 있다.
- **비유동부채**non-current liabilities: 만기가 1년 이후에 돌아오는 부채로, 장기차입금이나 기타장기부채가 포함된다.

유동과 비유동으로 구분하는 이유

자산과 부채를 유동과 비유동으로 구분하여 표시하는 이유는 정보이용자가 기업의 재무상태에 대해 더 구체적인 통찰을 얻을 수 있기 때문이다. 유동부채와 비유동부채의 상대적인 비율을 통해 부채의 만기 구조를 파악할 수 있으며, 이는 기업의 자금조달 방법과 재무적 안정성을 평가할 수 있게 한다.

예를 들어 아래의 재무상태표를 보면, 유동부채 30, 비유동부채 10으로 주로 단기부채를 통해 자금을 조달하고 있음을 알 수 있다. 이 경우 단기적으로 부채를 상환해야 할 부담이 높아진다. 유동부채

자산 100	유동자산 20	부채 40	유동부채 30
	비유동자산 80		비유동부채 10
		자본 60	

와 유동자산의 금액을 비교하면 기업이 단기적으로 부채를 상환할 수 있는지를 가늠할 수 있다. 예에서 유동부채 30, 유동자산 20이라면 단기적으로 만기가 돌아오는 부채를 상환할 자금이 부족할 가능성이 있음을 시사한다.

아래 제시된 재무상태표에서는 유동부채가 10, 비유동부채가 30으로, 기업이 상대적으로 만기가 긴 부채(비유동부채)를 주로 활용하고 있다. 또한 유동자산이 50이고 유동부채가 10이므로, 기업이 단기 부채를 상환할 수 있는 충분한 유동자산을 보유하고 있다는 것을 알 수 있다. 이 경우 유동성 위험이 낮고, 단기적인 지급 능력이 높다.

자산 100	유동자산 50	부채 40	유동부채 10
			비유동부채 30
	비유동자산 50	자본 60	

더 보기

유동비율과 부채비율

기업이 단기적으로 부채를 상환할 수 있는지를 평가하는 것은 매우 중요하다. 만기가 도래하는 부채의 원금이나 정기적으로 지급해야 할 이자를 지급하지 못하면 기업의 부도가 발생할 수 있기 때문이다. 기업의 단기 지급 능력을 평가하는 대표적인 지표로 유동비율이 있다. 유동비율은 다음과 같이 정의된다.

유동비율 = 유동자산 / 유동부채

유동비율은 1년 이내에 상환해야 할 유동부채에 비해 기업이 얼마나 많은 유동자산을 보유하고 있는지를 나타낸다. 유동자산은 현금및현금성자산, 매출채권, 재고자산 등으로 구성되며, 모두 1년 이내에 현금화될 수 있는 자산으로 유동부채를 상환하는 데 사용할 수 있다. 일반적으로 유동비율이 150~250% 수준이라면 유동부채를 상환할 여력이 충분하다고 보며, 유동비율이 100~120% 미만이라면 유동부채를 상환하지 못할 위험이 높다고 평가된다.

기업의 부채 상환 능력을 평가하는 또 다른 주요 지표로 부채비율이 있다. 부채비율은 다음과 같이 계산된다.

부채비율 = 부채 / 자본

부채비율은 부채와 자본의 상대적인 크기를 비교하여, 기업이 부채를 상환할 수 있을 만큼 자본을 보유하고 있는지를 평가하는 지표이다. 이 비율은 유동부채와 비유동부채를 포함한 전체 부채를 자본과 비교함으로써 기업의 전체적인 재무 구조를 평가하는 데 사용된다. 부채비율의 수준은 산업과 사업모델에 따라 크게 다르지만, 일반적으로 부채비율이 200~300%보다 높은 경우 부채가 과다한 것으로 본다.

유동비율과 부채비율이 일반적으로 사용되는 기준치를 만족하지 못한다고 해서 반드시 부도 위험에 처했다고 볼 수는 없다. 예를 들어 현재 부채비율이 높거나 유동비율이 낮더라도 미래 성장 가능성이 높은 기업이라면 유상증자를 통해 자금을 조달할 수 있다. 또한 부채비율이 높더라도 수익성이 높은 기업이라면 영업활동을 통해 충분한 현금을 창출하여 부채를 상환할 수 있을 것이다. 따라서 기업의 재무 상태를 올바르게 판단하기 위해서는 단순히 몇 가지 비율만 보고 결론을 내리기보다는, 여러 상황을 종합적으로 고려해야 한다.

재무상태표의 주요 항목

기업의 주요 사업 모델과 산업 특성에 따라 재무상태표에 표시되는 자산과 부채 항목은 크게 달라진다. 예를 들어 유통업체는 판매용 재고자산의 비중이 높을 가능성이 크며, 반면 서비스업체는 재고자산을 거의 보유하지 않을 수도 있다. 또한 막대한 설비투자가 필요한 사업은 유형자산의 비중이 높으며, 부채를 통해 설비투자를 위한 자금을 조달했다면 부채비중도 높은 경우가 많다.

같은 자산이라도 상황에 따라 재무상태표에서의 분류가 달라질 수 있다. 예를 들어 보잉이나 에어버스와 같은 비행기 제조업체가 보유한 비행기는 판매를 목적으로 하기 때문에 재고자산으로 분류되지만, 항공사가 보유한 비행기는 영업에 사용되는 자산으로 유형자산에 해당한다.

비슷한 세부 항목을 묶어 별도의 이름을 사용하는 경우도 있다. 예를 들어 원재료, 재공품, 제품, 상품은 각각 다른 성격을 가진 자산이지만, 이들을 묶어 재고자산이라고 한다. 마찬가지로 토지, 건물, 기계장치, 비품, 차량 등은 유형자산으로 통합되어 재무상태표에 표시된다. 처음에는 이러한 분류가 다소 낯설 수 있지만, 실제 기업의 재무상태표와 관련 주석을 살펴보다 보면 점차 익숙해질 것이다. 아래에서는 자산, 부채, 자본의 주요 항목에 대한 간략한 설명을 제시한다.

[표 4-1] 재무상태표의 주요 항목

자산	유동자산	현금및현금성자산
		매출채권
		재고자산: 상품, 제품, 원재료 등
		기타유동자산: 미수금, 미수수익 등
	비유동자산	장기금융자산: 투자목적으로 보유하는 채권, 주식 등
		유형자산: 토지, 건물, 기계장치, 차량운반구 등
		무형자산: 특허권, 영업권, 개발비 등
부채	유동부채	매입채무
		단기차입금
		기타유동부채: 선수금, 미지급금 등
	비유동부채	장기차입금
		장기충당부채
자본	자본금	
	주식발행초과금	
	이익잉여금	
	기타자본: 기타포괄손익누계액 등	

현금: 자산 중 첫 번째 항목

일반적으로 재무상태표에서 가장 먼저 등장하는 항목은 현금및현금성자산이다. 이는 기업이 보유한 현금, 요구불 예금, 그리고 단기간에 현금으로 전환 가능한(예: 취득 시 만기가 3개월 이내) 단기투자자산을 포함한다.

현금및현금성자산(이하 현금)은 기업의 재무적 안정성을 판단하는 중요한 지표다. 충분한 현금을 보유하고 있으면 만기가 도래한 부채를 상환할 수 있고, 거래처의 외상매입금을 결제하거나 직원 급여를 지급할 수 있다. 현금은 예상치 못한 외부 충격에 대비하거나, 좋은 투자 기회가 발생했을 때 이를 즉각 실행할 수 있는 재정적 여유를 제공한다. 따라서 기업이 충분한 현금을 보유하는 것은 매우 중요하다.

그렇다면 현금이 많을수록 무조건 좋을까? 그렇지 않을 수도 있다.

- **현금 보유의 비효율성**: 현금이 과도하게 많으면 자산이 비효율적으로 사용되고 있음을 의미할 수 있다. 현금이나 단기성 금융상품은 보통 수익률이 낮기 때문에, 현금 보유가 과다하다면 설비 투자나 연구개발 같은 기업의 성장과 관련된 장기적 투자에 자금을 사용하지 않는다는 신호일 수 있다. 이러한 장기투자 후에도 현금이 많이 남는다면, 이를 주주에게 배당으로 환원하는 것이 더 나을 수 있다.
- **경영자의 비효율적 사용 가능성**: 현금이 많으면 경영자가 이를 비효율적으로 사용할 위험이 커진다. 예를 들어 주요 사업과 무관한 신규 사업을 무리하게 추진하거나, 높은 가격에 다른 기업을 인수하는 등 자원을 낭비하는 사례가 발생할 수 있다.
- **횡령 및 부정의 위험**: 현금은 횡령과 부정의 주요 대상이 되기 쉽다. 실제로 여러 사례에서 임원이나 직원이 대규모 현금을

횡령하는 일이 발생하고 있다. 이를 방지하기 위해 기업은 내부통제제도를 구축하고 운영해야 한다.

더 보기

내부통제제도의 수립과 운영

현금은 도난이나 분실의 위험이 가장 높은 자산으로, 이를 보호하기 위해 기업들은 내부통제제도를 확립해야 한다. 내부통제란 기업 자산의 보호와 회계기록의 신뢰성 향상을 위해 구축된 모든 정책과 절차를 말하며, 회계, 업무 절차, 환경을 포함한다.

최근 내부통제가 잘 작동하지 않아 직원이 거액의 자금을 횡령한 사례들이 많이 보고되었다. 예를 들어 2010년 중반 여수시청 직원이 10년이 넘는 기간 동안 100억 원 이상을 횡령한 사건이 발생했다.

급여 지급을 담당했던 이 직원은 해당 업무를 전적으로 혼자 처리했다. 직원들에게 지급될 금액을 부풀려 시청에 청구한 뒤, 받은 돈 중 일부만 가짜 봉급명세서를 만들어 지급하고 나머지는 횡령했다. 부정이 드러날 것을 우려해 휴가를 가지 않았으며, 승진 시 다른 업무를 맡게 될까 봐 승진이나 보직 변경도 거부했다. 이 직원은 업무 처리를 위해 거의 매일 밤 늦게까지 일했는데, 이것이 열심히 일하는 모습으로 비쳤고, 그 결과 우수 직원으로 선정되어 여러 차례 표창을 받기도 했다.

현금의 수취와 지급 업무는 여러 사람에게 분담하여 한 사람이 모든 절차를 독점하지 못하도록 해야 했으나, 이러한 업무 분장이 이루어지지 않아 부정이 적발되지 않았다. 또한 주기적인 보직 변경이 필요했지만, 이 역시 이루어지지 않아 부정이 장기간 지속될 수 있었다.

2022년에 적발된 우리은행 직원의 700억 원 횡령 사건은 한 직원이 13년 동안 동일한 업무를 맡아 온 경우였고, 2023년에 드러난 경남은행 직원의 3,000억 원 횡령 사건 역시 한 직원이 15년 동안 동일한 업무를 맡아 오면서 발생한 사례다.

2022년에 적발된 오스템임플란트 자금팀장의 2,215억 원 횡령 사건은 특히 충격적인 사례다. 형식적으로는 현금관리 업무에 대한 업무 분장이 이루어져 있었다. 회사 계좌에서 돈을 인출하려면 팀장이 기안을 하고, 부장과 임원이 결재를 해야만 했다. 그러나 부장과 임원은 팀장을 신뢰하여 자신의 ID와 비밀번호를 공유했고, 이로 인해 실질적으로 자금관리 업무는 팀장 혼자서 처리하게 되었다.

자금팀장은 서류를 허위로 작성한 뒤, 자신이 직접 부장과 임원의 결재를 대신하고 이를 은행에 제출했다. 이후 거액의 현금을 회사 계좌에서 자신의 개인 계좌로 이체하여 주식 투자에 사용했다. 그러나 투자에서 큰 손실을 입었고, 연말 외부감사인의 감사시기가 다가오자 출근하지 않으면서 사건이 드러났다. 이 사례는 회사의 내부통제 시스템이 형식적으로만 운영되고, 실질적으로는 제대로 작동하지 않았음을 단적으로 보여 준다.

매출채권: 곧 현금으로 회수될 수 있는 자산

매출채권은 대금을 받을 수 있는 권리를 의미한다.

기업의 매출은 현금 거래 또는 외상 거래를 통해 발생한다. 신용카드를 통한 거래는 외상으로 처리되지만 신용카드 회사가 대금을 2~3일 이내에 지급하기 때문에 사실상 현금 거래에 가깝다. 반면 B2B 거래에서는 거래 시마다 결제를 하지 않고, 특정 기간 동안의 거래를 합산하여 일정 기간 후(예: 1개월) 대금을 지급하는 방식이 일반적이다.

판매자는 외상 매출이 발생하면 매출이라는 수익과 매출채권이라는 자산을 함께 기록한다. 이후 대금을 현금으로 회수하면, 현금 계정을 증가시키는 동시에 매출채권 잔액을 줄인다. 따라서 재무상태표에 표시된 매출채권의 금액은 아직 현금으로 회수되지 않은 외상 매출액, 즉 미래에 현금으로 회수될 금액을 의미한다.

그러나 매출채권 중 일부는 회수되지 않는다.

매출채권 중 일부 금액을 회수할 수 없는 경우가 빈번히 발생한다. 거래처의 경영 악화나 파산 등의 이유로 대금지급이 이루어지지 않는 사례가 종종 나타난다. 이러한 상황을 "대손bad debt이 발생했다" 또는 "매출채권이 손상impairment되었다"고 한다.

이러한 위험을 반영하기 위해 미래에 발생할 대손 금액을 추정하여 회계상 대손충당금(또는 손실충당금)을 설정하고, 매출채권은 실제 회수 가능 금액으로 표시한다. 예를 들어 매출채권 총액이 1,000인데 그중 50만큼이 회수 불가능할 것으로 예상된다면, 50을 대손충당금(또는 손실충당금)으로 설정하고 동시에 이를 비용(대손상각비 또는 손상차손)으로 기록한다. 결과적으로 재무상태표에는 매출채권 총액(1,000)에서 대손충당금(50)을 차감한 금액인 950이 매출채권으로 표시되며, 손익계산서에는 50의 비용(대손상각비)이 기록된다.

매출채권에 대해 충당금 회계처리를 하는 이유

충당금 회계처리는 매출이 발생한 기간에 관련 비용을 함께 기록하도록 하여, 수익과 비용이 같은 기간에 대응되도록 한다. 또한 매출채권을 회수 가능 금액으로 표시해 자산이 과대 평가되지 않도록 한다. 하지만 미래의 채권 회수 가능액을 추정하는 과정에서는 경영자의 주관적인 판단이 개입된다. 일부 경영자는 이를 악용해 보고 이익을 조정하기도 한다. 예를 들어 신용도가 낮은 신규 거래처에까지 매출을 확대해 매출액을 늘리는 동시에 대손충당금을 낮게 설정해 비용을 줄이면, 이익을 인위적으로 부풀릴 수 있다.

매출액에 비해 매출채권이 갑자기 증가했다면, 이는 매출채권의 회수 가능성에 문제가 있거나 경영자가 의도적으로 매출을 과대 계상했을 가능성을 시사한다. 이러한 위험을 파악하기 위해 대손충당금 설정비율(대손충당금/총매출채권)이나 매출채권회전율을 분석해야 한다. 이러한 지표는 동종 산업 내 다른 기업의 수치나 과거 데이터와 비교해 평가할 필요가 있다.

매출채권회전율

식당의 회전율이 높다는 것은 손님이 머무르는 시간이 짧아 손님을 여러 번 받을 수 있다는 것이다. 즉 테이블을 효율적으로 활용하고 있음을 의미한다. 이와 유사한 개념을 매출채권 회수에도 적용할 수 있다. 고객으로부터 대금을 빠르게 회수하면 매출채권 회전율이 높다고 하고, 반대로 대금 회수에 시간이 오래 걸리면 회전율이 낮다고 한다. 매출채권 회전율이 낮다는 것은 매출채권 관리에 문제가 있을 가능성을 시사한다.

예를 들어 고객의 신용 상태가 좋지 않거나, 신규 고객을 확보하기 위해 무리하게 신용 기간을 늘려 준 경우, 대금 회수가 지연되어 매출채권회전율이 급격히 낮아질 수 있다.

매출채권회전율은 다음과 같이 계산할 수 있다.

매출채권회전율 = 매출액 / 평균 매출채권

위의 식에서 분모의 평균 매출채권은 일반적으로 기초와 기말 매출채권 잔액의 평균값을 사용한다. 예를 들어 연간 매출액이 12,000이고 기초와 기말 매출채권 잔액의 평균이 1,000이라면 매출채권 회전율은 12로 계산된다. 이는 평균적으로 매출채권이 1년 동안 12번 회수되었음을 나타내며, 약 한 달에 한 번씩 매출채권이 현금으로 전환된다는 의미이다.

매출채권 회전율은 산업, 사업 모델, 판매 방식, 거래 구조 등에 따라 크게 달라질 수 있다.

- **소매업 및 전자상거래**e-commerce: 주로 개인 고객이 신용카드를 통해 결제하므로, 매출채권 잔액이 적고 회전율이 높게 나타난다.
- **B2B, 제조업 및 건설업**: 고객에게 주로 외상으로 판매하고 회수기간이 긴 경우가 많아 매출채권 회전율이 낮은 편이다.

따라서 매출채권 회전율을 해석할 때는 해당 기업이 속한 산업의 특성과 사업운영 방식을 함께 고려해야 한다.

재고자산

재고자산은 무엇인가?

재고자산inventory은 기업이 정상적인 영업활동에서 판매하거나, 생산 과정에서 사용하기 위해 보유하고 있는 자산을 의미한다. 재고자산은 다음과 같은 세부 항목으로 구성된다.

①**상품**: 판매목적으로 외부에서 구입한 상품
②**원재료**: 제품을 생산하는 제조활동에 투입하기 위해 구입한 원료 및 재료
③**재공품**: 생산 과정 중인 미완성제품
④**제품**: 생산이 완료된 완제품

재고자산의 구성은 기업의 주요 사업 모델에 따라 달라진다. 유통업체는 주로 상품이라는 재고자산을 보유하지만, 제조회사는 원재료, 재공품, 제품 등 다양한 재고자산을 보유한다. 유통업과 제조업 기업의 재무상태표에서 재고자산 금액이 상당히 큰 이유는, 상품이나 제품을 판매하는 사업 특성상 재고를 보유해야 하기 때문이다. 반면 서비스를 제공하는 기업의 경우 재고자산이 없는 경우도 있다.

재고자산 회계처리의 기본원칙

유통회사의 재고자산 회계처리는 다음과 같은 원칙에 따라 이루어

진다.

- **상품 구입 시**: 상품의 취득원가는 재고자산(자산)으로 기록된다. 이 단계에서는 상품이 판매되지 않았기 때문에 자산으로 간주된다.
- **상품 판매 시**: 판매된 상품의 취득원가는 매출원가(비용)로 기록되며, 같은 금액이 재고자산에서 차감된다. 이는 상품이 수익창출 과정에서 비용으로 변환되었음을 반영한다.

재고 흐름과 매출원가 계산

유통회사의 재고자산의 흐름을 1년 단위로 생각해 보자. 연초에 창고에 있는 재고자산은 기초재고이며, 해당연도 동안 구매한 상품의 총금액을 당기매입액이라고 한다. 기초재고와 당기매입액의 합을 판매가능재고자산이라고 하며, 이는 연도 중 판매 가능한 총재고이다. 1년 동안 판매된 상품의 원가는 매출원가라는 비용으로 기록되고, 연말에 창고에 남아 있는 재고는 기말재고자산이다. 이 관계를 식으로 나타내면 다음과 같다.

기초재고 + 당기매입액 = 판매가능재고자산
판매가능재고자산 = 매출원가 + 기말재고

즉 판매가능재고자산은 매출원가(판매된 부분)와 기말재고(미판매된 부분)로 배분된다. 매출원가는 손익계산서에 비용 항목으로 표시되고, 기말재고는 재무상태표의 유동자산의 일부로 포함된다. 매출원가는 아래와 같은 식에 의해 구할 수 있다.

매출원가 = 기초재고 + 당기매입액 − 기말재고

위의 식에서 볼 수 있는 바와 같이 기말재고 금액은 매출원가를 산출하는 데 직접적인 영향을 미친다. 만약 어떤 이유로 기말재고가 과대계상되면 매출원가가 줄어들고, 그 결과 당기이익이 인위적으로 증가하게 된다. 이와 같은 관계를 이용하여 일부 경영자는 재고자산을 부풀려 이익을 높게 보고하는 분식회계를 하기도 한다. 따라서 재고자산의 적절한 평가와 관리가 중요하며, 외부 이해관계자는 기말재고와 매출원가 간의 관계를 주의 깊게 살펴볼 필요가 있다. 예를 들어 자산 또는 매출액 대비 재고자산의 비중이 갑자기 증가했다면 그 이유에 대해 파악해 봐야 한다.

기말 현재 재고자산의 가치가 하락한 경우

기말 현재 단위당 2,000에 취득한 상품 100개를 보유하고 있다고 가정하자. 이 경우 기말재고의 취득원가는 200,000이다. 하지만 상품의 기말 현재 판매가격이 단위당 1,500로 하락하면, 기말재고의 예상 판매금액은 총 150,000이 된다. 이처럼 기말재고의 예상판매가격(150,000)이 취득원가(200,000)보다 낮아지는 경우, 두 금액의 차이(50,000)만큼을 재고자산평가손실로 손익계산서에 기록한다. 동시에 재고자산의 가치는 예상 판매금액인 150,000으로 조정되며, 이 금액이 재무상태표에 표시된다.

이러한 회계처리는 재고자산의 가치 하락으로 인해 예상되는 손실을 미리 비용으로 반영하는 것이다. 상품의 판매가격이 급격히 하락하거나, 신제품 개발로 기존 상품이 진부화되었을 때, 판매 부진으로 재고가 과도하게 쌓인 경우 재고자산평가손실이 발생할 수 있다.

재고자산회전율

재고자산회전율은 재고가 얼마나 빨리 판매되는지를 평가하는 지표다. 기업의 재고관리와 운영효율성을 측정하는 데 중요한 역할을 한다. 재고자산회전율은 다음과 같이 계산된다.

재고자산회전율 = 매출원가 / 평균 재고자산

- **재고자산회전율이 높다**: 재고 보유 기간이 짧다는 뜻으로, 판매가 원활하게 이루어지고 있으며, 재고관리가 효율적임을 의미한다.
- **재고자산회전율이 낮다**: 재고 보유 기간이 길다는 뜻으로, 판매 부진, 비효율적인 재고 관리, 과도한 재고 보유의 가능성

을 시사한다.

낮은 재고자산 회전율은 제품의 노후화, 판매부진 등을 의미할 수 있다. 만약 재고의 가치가 하락했다면, 앞서 언급한 방식으로 재고자산평가손실을 기록해야 할 수도 있다.

유형자산

유형자산: 장기 성장의 원천이 되는 투자

유형자산property, plant and equipment은 기업이 영업활동을 위해 장기간 사용하는 물리적 형체가 있는 자산을 말한다. 제조기업은 제품 생산을 위해 토지, 건물, 기계를 보유하고, 유통기업은 창고나 매장을, IT 기업은 서버와 같은 설비를 보유하는데, 이러한 자산들은 모두 유형자산으로 분류된다.

유형자산은 비유동자산으로 분류되며, 많은 기업에서 자산 중 큰 비중을 차지하는 중요한 항목이다. 특히 제조업처럼 자본집약적인 산업에서는 유형자산이 기업 경쟁력을 좌우하는 핵심 자산으로 간주된다.

유형자산의 종류

유형자산에는 다음과 같은 주요 항목이 포함된다.

① **토지**

② **건물**: 본사건물, 공장, 창고 등

③ **기계장치**: 제조설비 등

④ **차량운반구**: 차량

⑤ **건설 중인 자산**: 건물이나 기계, 설비 등을 건설하거나 제작 중인 자산. 완료 후에는 적절한 유형자산 계정으로 대체된다.

더 보기

직접 소유하지 않고 빌려 쓰는 자산도 유형자산에 해당될까?

기업은 필요한 자산을 직접 소유하지 않고 리스lease 형태로 사용할 수 있다. 예를 들어 항공사는 항공기를 리스 형태로 사용하는 경우가 많으며, 사무실, 창고, 자동차, 기계 등을 빌려 사용하는 사례도 흔하다.

리스 이용자는 자산에 대한 법적 소유권은 없지만, 실질적으로 자산을 사용하는 권리를 가지므로 이러한 리스자산을 재무상태표에 자산으로 기록해야 한다.

리스자산은 비유동자산 항목에 "사용권자산"으로 표시되거나, 유형자산에 포함될 수 있다. 리스사용자는 계약기간 동안 리스료를 지급할 의무가 있는데, 이는 재무상태표에 리스부채로 기록된다.

유형자산의 감가상각

유형자산은 취득 시 자산으로 기록되지만, 사용기간 동안 비용으로 전환되어 기록되어야 한다. 이러한 비용배분과정을 감가상각이라고 한다. 예를 들어 기계장치를 10억 원에 취득하고, 5년간 사용한 후

1억 원에 외부에 매각할 수 있다고 가정하자. 이 1억 원을 잔존가치라고 부른다. 이 경우 감가상각할 금액은 취득원가(10억 원) – 잔존가치(1억 원) = 9억 원이다. 이 금액을 내용연수인 5년 동안 나눠 비용으로 기록한다.

가장 일반적인 감가상각비 계산방법은 정액법으로, 매년 동일한 금액으로 비용을 배분하는 방법이다. 위의 예에서 매년 1.8억 원(9억 원 / 5년)의 감가상각비를 기록한다. 감가상각비는 손익계산서에 비용으로 반영된다.

해당 유형자산에 대해 지금까지 기록한 감가상각비의 합계를 감가상각누계액이라고 한다. 유형자산의 취득원가에서 감가상각누계액을 차감하면 장부금액을 계산할 수 있다. 예에서 기계취득 1년 차 말 감가상각누계액은 1.8억 원이고, 기계의 장부금액은 취득원가 10억 원에서 감가상각누계액(1.8억 원)을 뺀 8.2억 원이다.

2년 차에도 1.8억 원을 감가상각비로 기록하면, 2년 차 말 감가상각누계액은 그 동안 기록한 감가상각비의 합인 3.6억 원이 된다. 2년 차 말 기계의 장부금액은 취득원가 10억 원에서 감가상각누계액(3.6억 원)을 차감한 6.4억 원이다. 감가상각은 토지를 제외한 모든 유형자산에 적용된다.

유형자산의 손상차손

유형자산(토지를 제외)은 감가상각 과정을 통해 장부금액(취득원가 – 감가상각누계액)이 점차 감소한다. 그러나 자산이 진부화되거나, 물리적으로 파손되었거나, 또는 자산으로 인해 발생할 것으로 예상되는 미래 현금흐름이 심각하게 악화된 경우, 유형자산의 가치가 하락했다고 볼 수 있다. 유형자산의 가치가 장부금액보다 더 낮아진 경우 유형자산이 손상impairment되었다고 한다.

예를 들어 신제품 개발로 기존 제품의 판매가 부진하여 해당 제품을 생산하던 기계가 더 이상 사용되지 않거나 일부만 사용되고 있는 경우라면, 이 기계는 손상이 발생했을 가능성이 높다. 손상차손 impairment loss은 자산의 추정된 회수가능액이 장부금액보다 낮을 때 발생한다. 이 경우 두 금액 간의 차이를 손상차손으로 기록하며, 자산의 장부금액을 회수가능액으로 조정하면서 줄여 준다.

유형자산의 회계처리 과정을 정리하면 다음과 같다.

- **취득 시**: 취득원가를 유형자산으로 기록한다.
- **사용 중**: 내용연수 동안 "취득원가 - 잔존가치"를 배분하여 비용(감가상각비)을 기록한다.
- **손상 발생 시**: 자산의 가치가 하락한 경우, 장부금액을 줄이고 손상차손(비용)을 기록한다.

회사의 선택: 자산재평가

감가상각비 또는 손상차손을 통해 유형자산의 장부금액은 시간이 지남에 따라 점차 감소한다. 토지는 감가상각을 하지 않으므로 취득원가로 계속 기록된다. 이러한 장부금액이 자산의 실제 가치를 반영

더 보기

감가상각비 계산 시 사용되는 내용연수는 누가 결정할까?

내용연수를 길게 설정할수록 매년 기록하는 감가상각비가 줄어든다. 예를 들어 본문 사례에서 기계장치의 내용연수를 5년 대신 6년으로 정한다면, 연간 감가상각비는 1.8억 원에서 1.5억 원으로 감소한다. 매년 기록하는 비용이 줄어든다는 것은 기업이 더 높은 이익을 보고할 수 있다는 것을 의미한다. 그렇다면 내용연수는 누가 결정할까?

감가상각비 계산 시 필요한 내용연수, 추정잔존가치, 감가상각방법은 모두 미래에 대한 추정을 반영하고 있으며, 이는 기업의 경영자가 결정한다. 경영자는 자산과 기업의 사업 특성을 가장 잘 이해하고 있기 때문이다. 이러한 결정은 합리적인 추정에 기반하지만, 경영자의 주관적 판단이 개입된다는 점을 이해해야 한다. 자산 취득 이후 기업의 상황이 변화하면, 경영자는 내용연수, 추정잔존가치, 또는 감가상각방법을 변경할 수도 있다. 감가상각비는 손익계산서에서 중요한 비용 항목 중 하나이므로, 이러한 추정의 변경으로 인해 기업의 경영성과가 크게 변화할 수 있다. 이러한 경영성과의 변화가 실제 경제활동에 의한 것인지 또는 단순한 회계처리의 변경에 의한 것인지 주의 깊게 살펴볼 필요가 있다.

예를 들어 네이버는 2023년부터 서버 등 주요 장비(기계장치)의 감가상각 내용연수를 기존 4년에서 5년으로 변경하였다. 네이버의 경영자는 실제 평균 장비사용기간을 반영하기 위해 내용연수를 변경했다고 발표했다. 이에 따라 매년 인식하는 감가상각비가 줄어들고, 이익이 증가하는 효과가 발생하였다. 이러한 내용연수의 변경으로 2023년 기계장치 감가상각비는 2,159억 원에서 1,448억 원으로 약 711억 원 감소하였다. 비용감소금액은 연결손익계산서상 영업이익의 약 5%에 해당한다.

재무제표의 주석에는 기업이 적용한 내용연수와 감가상각방법이 명시되어 있다. 외부 이용자는 이 정보를 통해 기업의 회계처리를 확인하고, 필요한 경우 동종 기업과 비교해 합리성을 평가할 수 있다. 일부 경영자는 이익을 더 높게 보이게 하려고 유형자산의 내용연수를 의도적으로 늘려 연간 감가상각비를 줄이기도 한다. 이러한 가능성에 주의해야 한다.

하지 못하는 경우가 있다. 자산의 가치가 상승했을 때 특히 이러한 문제가 발생한다. 예를 들어 20년 전에 취득한 강남의 토지나 빌딩의 시장가치는 회계상 장부금액보다 훨씬 높을 가능성이 크다.

국제회계기준에 따르면 기업은 유형자산에 대해 다음 두 가지 방법 중 하나를 선택할 수 있다.

- **가치 상승을 무시**: 감가상각과 손상차손인식에 대한 회계처리만 한다. 대부분의 기업이 선택하는 방식이다. 가치가 상승한 자산을 추후 실제로 처분할 때 자산가치의 상승이 처분이익으로 손익계산서에 반영된다.
- **자산재평가**: 유형자산의 장부금액을 기말 시점의 공정가치로 재평가한다. 공정가치는 현재의 시장가격과 비슷한 개념이다. 이 과정에서 공정가치와 장부금액 간의 차이로 인해 재평가이익이나 재평가손실이 발생한다.

자산재평가 시 공정가치가 장부금액보다 높을 경우 재평가이익이 발생한다. 이는 기타포괄손익 항목으로 기록되며, 당기순이익에는 포함되지 않는다(기타포괄손익에 대해서는 60쪽의 설명을 참고하자).

즉 재평가이익이 발생했다고 해도 당기순이익이 증가하는 것은 아니다. 유형자산에 대해 재평가이익을 기록하면 자산과 자본(기타포괄손익누계액)이 증가한다.

반대로 공정가치가 장부금액보다 낮을 경우에는 재평가손실이 발생한다. 이는 당기순이익 계산에 포함되며, 영업외손익으로 기록된다. 즉 재평가이익은 당기순이익 계산에 포함되지 않는 데 반해 재평가손실은 당기순이익 계산에 포함된다.

자산재평가의 장점과 단점

그렇다면 어떤 기업이 자산재평가를 할까? 자산재평가로 인한 장점과 단점은 무엇일까? 우선 자산재평가를 한다고 기업의 현금흐름이 변하는 것은 아니다. 단지 회계장부에 적혀 있는 수치를 바꿀 뿐이다. 즉 기업의 본질은 변하지 않는다는 점을 기억해야 한다.

자산재평가로 보유 중인 유형자산(예: 토지)의 가치가 상승한 것을 반영하여 자산재평가이익을 기록하면 자산과 자본(기타포괄손익누계액)이 증가하게 된다. 이에 따라 기업의 재무안전성을 평가하는 데 흔히 사용하는 부채비율(=부채/자본)이 낮아진다. 따라서 부채비율이 높아 추가차입 등 외부자본조달이 어려운 기업은 자산재평가를 통해 부채비율을 개선할 수 있다. 또한 유형자산의 공정가치를 재무제표에 반영하므로, 외부 이해관계자들에게 보다 유용한 정보를 제공할 수도 있다.

그럼 자산재평가의 부정적인 효과는 어떤 것이 있을까? 자산재평가로 자산과 자본이 증가하면, 기업의 수익성을 평가할 때 흔히 사용되는 지표인 총자산이익률return on assets, ROA(이익/자산)과 자기자본이익률return on equity, ROE(이익/자본)이 감소한다(ROA와 ROE에 대한 설명은 7장을 참고). 이익은 동일하더라도 분모인 총자산과 자기자본금액이 커지기 때문이다.

또한 토지를 제외한 유형자산(예: 건물, 기계장치)의 재평가로 인해 유형자산의 장부금액이 증가하면, 해당 자산의 미래 감가상각비가 늘어난다. 이는 미래의 순이익 감소로 이어질 수 있다.

자산재평가는 단기적으로 기업의 재무제표를 개선할 수 있는 도구지만, 장기적인 재무 성과와 수익성 지표에 영향을 줄 수 있다. 기업은 자산재평가의 장단점을 신중히 검토한 후, 상황에 맞는 선택을 해야 한다.

무형자산

무형자산이란 무엇인가?

무형자산intangible assets은 물리적 실체는 없지만, 기업이 영업활동 과정에서 장기간 사용하기 위해 보유하고 있는 자산을 말한다. 대표적인 예로 상표권, 특허권, 저작권, 영업권, 프랜차이즈 등이 있다.

특허권은 특허권의 실제 가치를 반영하지 않는다

브랜드 가치, 연구개발 능력, 우수한 인적자원, 충성 고객 등은 기업가치에 중요한 영향을 미친다. 주식 가격에는 이러한 무형의 자산가치가 반영된다. 그러나 회계적으로 재무상태표에 기록되는 무형자산의 종류와 금액은 매우 제한적이다. 회계상 무형자산으로 기록되려면 금액을 신뢰성 있게 측정할 수 있는지 등의 여러 조건을 충족해야 하기 때문이다. 따라서 무형자산의 경제적인 가치가 재무상태표에 반영되지 않는 경우가 많다.

예를 들어 재무상태표에 무형자산으로 기록된 특허권의 금액은 특허권이 창출할 수 있는 미래 현금흐름이나 시장가치를 반영하지 않는다. 내부적으로 개발된 특허권은 특허출원 비용 같은 제한적인 금액만 자산으로 기록되고, 외부에서 구입한 특허권은 구매비용이 자산으로 기록되기 때문이다.

연구개발 활동: 비용인가, 투자인가?

그렇다면 신기술이나 신제품을 개발하기 위한 연구개발 활동은 별도의 무형자산으로 기록될까? 기업들의 연구개발 활동은 신기술과 신제품 개발을 통해 성장과 수익 창출을 목표로 하는 장기적 투자로 볼 수 있다. 그러나 회계상 자산으로 기록되려면 연구개발 활동이 미래 경제적 효익을 창출할 가능성이 높아야 하며, 관련된 비용을 신뢰성 있게 측정 가능해야 한다.

연구개발 활동은 불확실성이 크기 때문에 대부분은 발생 시점에 비용으로 처리된다. 예를 들어 제약회사가 신약 개발에 막대한 금액을 투자해도 성공 확률이 낮기 때문에 연구개발 비용은 자산으로 기록되지 않는 것이 원칙이다.

회계기준에 따르면 기업의 연구개발 활동을 우선 연구활동과 개발활동으로 구분한다. 연구활동은 좀 더 기초적인 지식을 얻기 위한 활동으로, 개발활동은 수익 창출을 위한 제품개발에 집중된 활동으로 이해하면 된다. 우선 연구활동이라면 전액 비용처리한다. 그러나 개발 활동 중 특정 조건(실현 가능성, 경제적 효익 등)을 충족하는 경우, 해당 지출은 개발비라는 무형자산으로 자산화할 수 있다. 개발활동이라도 이러한 조건을 충족시키지 않다면 경상개발비로 하여 전액 비용처리한다.

자산화된 개발비는 개발이 완료되어 제품의 판매가 진행되는 기간 동안 배분하여 무형자산상각비(비용)로 처리된다. 유형자산에 대해 감가상각을 기록하는 방식과 유사하다고 이해하면 된다. 만약 개발비의 손상이 발생하면 손상차손을 비용으로 인식해야 한다.

개발활동 지출을 자산화하는 경우, 개발이 진행되는 동안에는 비용으로 기록되지 않기 때문에 다음과 같은 효과가 나타난다.

- **당기손익 증가**: 해당 기간의 비용이 줄어들어 이익이 증가한다.
- **미래 비용 증가**: 개발비로 자산화된 금액은 이후 내용연수 동안 무형자산상각비로 기록된다.

영업권은 무엇인가?

위에서 설명한 바와 같이 회계적으로 무형자산을 기록하려면 까다로운 조건을 충족해야 하므로, 기업이 보고하는 무형자산의 금액은 일반적으로 크지 않다. 그러나 무형자산 중 금액이 특히 큰 항목으로 영업권goodwill이 있다.

영업권의 일반적 개념은 독과점 지위, 우수한 연구개발 능력, 영업력, 브랜드 가치 등으로 인해 미래에 초과이윤을 창출할 수 있는 능력이라고 할 수 있다. 하지만 회계상 영업권은 M&A(인수합병) 과정에서만 발생하며, 피인수기업의 순자산 공정가치를 초과해 지급한 매수대가를 뜻한다.

회계적으로 영업권은 다음과 같이 계산된다.

영업권 = 매수대가 – 피인수기업의 순자산(자산-부채)의 공정가치

예를 들어 A회사는 B회사의 지분 100%를 120억 원에 인수하려고 하는데, B회사의 순자산(=자산-부채)의 가치는 100억 원이다. 이 경우 20억 원의 추가금액(프리미엄)을 지급하는 이유는 다음과 같을 수 있다.

- 두 회사간의 시너지 효과에 대한 기대
- 피인수회사가 보유한 브랜드가치, 기술력, 시장지위와 같은 (회계적으로 기록되지 않은) 추가적인 가치에 대한 대가

이러한 기업인수 프리미엄은 구체적인 자산으로 분리해 기록하기 어려우므로, 영업권이라는 무형자산으로 처리된다. 즉 A회사는 B회사로부터 인수한 순자산 100억 원과 함께 영업권 20억 원을 재무상태표에 기록한다.

무형자산의 회계처리

대부분의 무형자산은 유형자산과 비슷한 방식으로 회계처리된다.

①**취득 시**: 취득원가로 기록.

②**사용 기간 동안**: 내용연수 동안 상각해 비용으로 기록.

③**가치 감소 시**: 손상손실을 기록.

다만 영업권과 같이 내용연수를 정할 수 없는 무형자산의 경우 상각하지 않는다. 대신 매 회계연도마다 가치가 손상되었는지를 평가한다. 예를 들어 인수한 사업의 실석이 부진하거나 예상 수익이 감소했다고 판단될 경우, 영업권의 회수가능금액과 장부금액과의 차이를 손상차손으로 비용처리한다.

기업이 보유한 다른 회사 주식의 회계처리

기업이 다른 기업의 주식을 매수하여 보유할 경우, 투자기업이 보유한 피투자기업의 주식은 아래 세 가지 중 하나로 분류하여 회계처리한다.

①**기타포괄손익 - 공정가치측정금융자산**

②**당기손익 - 공정가치측정금융자산**

③**지분법적용투자주식**

투자기업이 피투자기업의 주식을 장기 보유할 목적으로 매수한 경우 ①로 분류된다. 피투자회사의 공정가치의 변동으로 인한 평가이익이나 손실을 기타포괄손익으로 처리한다.

단기 시세차익을 얻을 목적으로 취득한 주식은 ②로 분류된다. ②로 분류된 주식의 경우 공정가치 변동으로 인한 평가이익이나 손실은 당기손익으로 처리되어, 매 회계기간마다 당기순이익 계산에 포함된다.

투자기업이 피투자기업의 지분을 일정 수준 이상(일반적으로 20% 이상, 50% 이하) 보유하며, 피투자기업의 경영에 중요한 영향을 미치는 경우 ③으로 분류된다. 이러한 지분투자는 단순히 투자수익을 얻기 위한 목적이 아니라, 피투자기업의 경영에 참여하여 투자기업이 원하는 효익을 얻으려는 목적을 가진다. 즉 투자기업이 피투자기업에 유의적인 영향력을 행사할 수 있을 때, 피투자기업은 관계기업으로 분류되며, 투자한 금액을 지분법적용투자주식 또는 관계회사투자주식의 계정과목으로 처리한다.

의결권 있는 주식을 20% 이상, 50% 이하 보유한 경우 보통 유의적인 영향력이 있는 것으로 간주된다. 그러나 보유지분이 20% 미만이라도 피투자회사의 이사 선임 권리 등으로 영향력을 발휘할 수 있다면 유의적인 영향력이 있다고 본다.

관계기업투자주식은 지분법을 적용해 회계처리한다. 지분 취득 시 원가로 기록하며, 이후에는 피투자기업의 순자산(=자본) 변동 중 투자회사의 지분비율에 해당하는 금액을 지분법적용투자주식에 가

감하여 보고한다.

예를 들어 투자회사가 30%의 지분을 보유한 피투자기업이 1,000의 당기순이익을 기록했다면, 투자회사는 300(=1,000×30%)을 지분법평가이익으로 기록한다. 반대로 피투자기업이 1,000의 당기순손실을 기록했다면, 투자회사는 300의 지분법평가손실을 기록한다. 이러한 지분법평가손익은 영업외손익 항목으로 분류된다.

피투자회사에 대해 실질적인 지배력을 행사하는 경우에는 지분법을 적용하는 것이 아니라 연결재무제표 작성대상으로 본다. 일반적으로 지분율이 50%를 초과하는 경우가 이에 해당한다. 이 경우에는 피투자회사의 자산, 부채, 수익, 비용 종액을 합산하여 연결재무제표를 작성하게 된다. 보다 자세한 내용은 5장을 참고하자.

부채

부채란?

부채란 경제적 자원을 희생해야 하는 의무이다. 은행차입금이나 매입채무처럼 현금으로 지급해야 하는 의무뿐만 아니라, 미래에 재화나 용역을 제공해야 하는 의무도 부채에 포함된다. 부채는 만기를 기준으로 유동부채(만기가 1년 이내)와 비유동부채(만기가 1년 초과)로 구분되어 재무상태표에 표시된다.

부채를 제때 상환하지 못하면 부도의 위험이 높아지므로 자본대비 부채의 비중(자본구조)과 부채의 만기구조를 정확히 파악하는 것이 중요하다.

부채를 사용하지 않는 것이 가장 좋은 것일까?

부채는 미래에 갚아야 하는 의무나 부도위험과 연관되기 때문에 부정적으로 여겨질 수 있다. 그러나 부채 자체가 나쁜 것은 아니다. 기업은 부채를 적절히 사용하여 수익률을 높일 수 있으며, 이를 부채의 레버리지leverage 효과라고 한다.

예를 들어 연간 10%의 수익률을 얻을 수 있는 신규 투자안이 있다고 가정하자. 100의 자본을 투자하면 10의 이익을 얻게 된다. 즉 자기자본 대비 수익률은 10%이다.

만약 추가로 50의 부채를 조달해 총 150을 신규사업에 투자한다면 투자액의 10%인 15의 이익을 얻을 수 있다. 부채의 이자율이 6%라면 3(=50×0.06)의 이자비용을 지급하고도 순이익 12를 실현할 수 있다. 이 경우 자기자본 대비 수익률은 12%(=12/100)로 증가한다.

즉 투자에서 얻을 수 있는 수익률이 부채의 이자율보다 높다면 부채를 활용해 자기자본 대비 더 높은 이익을 실현할 수 있다.

착한 부채도 있다?

선수금 또는 선수수익은 상품이나 서비스를 제공하기 전에 미리 받은 대금을 의미한다. 향후 수행해야 할 의무를 나타내기 때문에 부채로 표시되지만, 기업은 이 대금을 통해 운영자금을 미리 확보할 수 있어 착한 부채로 불린다.

예를 들어 스타벅스가 고객에게 선불카드를 판매하면 이는 매출이 아닌 선수금(부채)로 기록된다. 이후 고객이 선불카드로 커피를 구매할 때 스타벅스는 매출을 기록하고 선수금을 감소시킨다. 한국 스타벅스는 매년 1조 원 이상의 선불카드를 판매하며, 이 대금을 활용해 현금흐름을 효과적으로 관리할 수 있다.

매입채무도 이와 비슷하게 자금을 조달하는 역할을 한다. 부여받은 신용기간만큼 대금을 늦게 지급하지만, 이에 대한 이자비용을 지급하지 않기 때문에 기업 입장에서는 무이자로 자금을 조달하는 것과 같은 효과를 얻는다. 특히 유통업이나 전자상거래 플랫폼 회사는 고객으로부터는 대금을 즉시 회수하면서도, 공급자에게 정산하는 대금은 1~2개월 후에 지급하므로 운영자금을 자연스럽게 확보하는 선순환 구조를 형성한다.

충당부채: 부채는 부채인데 금액이 불확실하다면?

일반적인 부채는 금액과 지급 시점이 명확하다. 예를 들어 은행 차입금이나 매입채무는 지급해야 할 금액과 시기가 정해져 있다. 그러나 금액이나 지급 시점이 불확실한 부채도 존재한다. 다음 두 가지 상황을 생각해 보자.

- **소송 관련 의무**: 진행 중인 소송에서 패소할 가능성이 높다면, 피해보상금을 지급해야 할 의무가 발생할 수 있다. 하지만 현재로서는 소송의 승패여부나 피해보상액을 정확히 알 수 없다.

- **제품보증 관련 의무**: 가전제품을 판매하면서 3년간 무상 보증을 제공한 경우, 실제로 몇 대의 제품에서 고장이 발생할지 그리고 수리비용이 얼마나 될지 불확실하다.

위의 상황처럼 미래 현금유출의 금액과 시기가 불확실한 경우라도, 다음 조건을 충족한다면 이를 충당부채provision로 기록해야 한다.

- 과거 사건의 결과로 발생한 현재의 의무가 존재할 것.
- 미래에 기업의 자원이 유출될 가능성이 높을 것.
- 금액을 신뢰성 있게 추정할 수 있을 것.

소송의 예에서 패소 가능성이 높다면, 피해보상액을 추정하여 이를 부채로 기록하면서 동시에 동 금액을 비용으로 기록한다. 제품보증의 예에서도 과거의 자료 등을 이용하여, 제품이 고장날 확률과 수리에 소요되는 비용을 추정하여 제품보증충당부채를 기록하면서 동시에 동 금액을 제품보증비용으로 기록한다.

예를 들어 현대자동차는 판매한 차량에 대한 무상 보증과 리콜비용으로 약 10조 원의 판매보증충당부채를 설정하고 있으며, 이는 재무상태표에 부채로 기록되어 있다. 이는 앞으로 발생할 것으로 예상되는 지출을 충당부채로 미리 반영한 것이다.

우발부채는 부채가 아니다

충당부채로 기록하기 위해서는 앞서 설명한 세 가지 조건을 모두 충족해야 한다. 그러나 다음과 같은 경우를 생각해 볼 수 있다.

- 의무가 존재하더라도, 미래 자원 유출 가능성이 낮다.
- 금액을 신뢰성 있게 측정할 수 없다.

위와 같은 상황은 우발부채contingent liability라고 한다. 우발부채는 회계상 부채로서의 조건을 충족하지 않으므로 부채로 기록될 수 없으며, 재무제표의 주석에만 공시된다. 이름은 "부채"이지만 재무제표에 부채로 기록되지 않는다는 점에 유의해야 한다.

예를 들어 소송이 진행 중이라도 패소 가능성이 낮다면 충당부채로 기록하지 않고 주석에 관련 내용을 공시한다. 또한 패소 가능성이 높더라도 패소 시 지불해야 할 금액을 신뢰성 있게 추정할 수 없는 경우에는 충당부채로 기록하지 않고 우발부채로 주석에만 공시한다. 다만 미래 상황에 따라 실제 현금유출이 발생하는 부채로 전환될 가능성이 있으므로, 재무제표 이용자는 우발부채 관련 주석 내용을 잘 살펴보아야 한다.

우발부채의 사례로는 다른 회사에 제공한 지급보증이 있다. 부동산 개발사업에서는 사업자가 프로젝트파이낸싱project financing, PF 형태로 자금을 조달하며, 건설회사나 금융기관이 PF대출에 대해 지급보증을 제공하는 경우가 많다. 개발사업이 원활히 진행되고 있다면 이러한 보증은 보증을 제공한 회사의 부채로 기록되지 않고 재무제표 주석에 우발부채로만 공시된다. 이는 대출금액을 대신 갚아야 할 가능성이 낮다는 판단을 반영한 것이다. 그러나 사업자가 부도나 어려움을 겪어 보증을 제공한 회사가 대출금액을 대신 갚아야 할 가능성이 높아지면, 건설회사나 금융기관은 예상 손실 금액을 충당부채로 기록하게 된다. 이 경우 해당 금액이 재무제표에 직접 부채로 반영된다.

회사채를 이용한 자금조달

기업은 자금을 조달하기 위해 은행 대출을 이용할 수 있다. 이와 달리 일부 기업은 채권을 발행하여 자금을 조달하는데 이를 회사채 또는 사채corporate bond라고 한다. 사채를 발행한 기업은 만기까지 투자자(채권자)에게 이자를 지급하며, 이는 이자비용으로 기록된다. 참고로 정부가 발행한 채권은 국채, 공공기관이 발행한 채권은 공채라고 부른다.

사채를 발행하면 자본시장에서 직접 자금을 조달하기 때문에 은행 대출에 비해 낮은 금리로 돈을 빌릴 수 있다. 그러나 사채를 발행하려면 기업의 신용도가 일정 수준 이상이어야 한다. 이로 인해 소규모 비상장기업이나 일부 신용도가 낮은 상장기업은 사채 발행이 어려울 수 있다.

전환사채와 신주인수권부사채

전환사채convertible bond, CB는 주식으로 전환할 수 있는 권리가 부여된

채권이다. 투자자는 일정 기간이 지난 이후 주식으로 전환할 수 있는 선택권을 가진다.

전환사채를 매입한 투자자는 발행기업의 주가가 상승하면 전환사채를 주식으로 전환한 뒤 이를 매도하거나, 주식을 보유하면서 배당을 받을 수 있다. 이러한 특성으로 인해 일반 채권보다 더 높은 수익을 기대할 수 있다. 반면, 주가가 상승하지 않을 경우 투자자는 채권을 계속 보유하며 이자를 받고 만기 시 원금을 돌려받는다. 즉 전환사채는 채권의 안정성과 주식의 고수익성을 동시에 누릴 수 있는 투자기회를 제공하여 일반 채권보다 매력적이다.

발행사 입장에서도 전환사채는 유리한 점이 있다. 투자자들이 주식 전환 권리를 제공받는 대신 낮은 이자율을 받아들이기 때문에, 일반 채권보다 이자 비용을 절감할 수 있다.

신주인수권부사채bond with warrant, BW는 주식을 인수할 수 있는 권리가 포함된 채권이다. 예를 들어 어떤 기업이 5년 만기 채권을 발행하면서, 3년 후부터 14,000에 신주를 인수할 수 있는 권리(신주인수권)를 추가적으로 부여했다고 가정하자. 이 채권을 매입한 투자자는 회사의 주가가 14,000을 초과하면 신주인수권을 행사해 주식을 취득할 수 있다. 예를 들어 주가가 15,000으로 상승한 경우, 14,000만 내고 주식을 인수하여 1,000의 차익을 얻을 수 있다.

신주인수권부사채 역시 회사의 성과가 개선되어 주가가 상승할 것이라는 기대가 있다면 투자자에게 유리하다. 이는 일반 채권보다 추가적인 선택권을 제공하기 때문이다. 발행사 입장에서는 신주인수권부사채를 통해 낮은 이자율로 자금을 조달할 수 있어 자금조달 비용을 절감할 수 있다.

그렇다면 전환사채와 신주인수권부사채의 차이점은 무엇일까? 전환사채의 경우 투자자가 전환권을 행사하면 부채가 주식으로 전환된다. 따라서 부채는 소멸되고 자본만 남는다. 이때 발행 회사 입장에서는 재무구조가 개선될 수 있다. 반면 신주인수권부사채의 경우 투자자가 신주인수권을 행사해 주식을 인수하더라도 발행회사에 대한 부채는 그대로 유지된다. 이러한 이유로 발행사 입장에서는 부채가 소멸되는 전환사채가 더 유리하며, 실제로 국내 자본시장에서도 전환사채 발행이 신주인수권부사채 발행보다 훨씬 더 많다.

더 보기

신종자본증권: 부채인가 자본인가, 그것이 문제

기업은 운영을 위해 필요한 자금을 조달할 때 부채와 자본 중에서 어떤 방법으로 조달할지를 결정해야 한다. 대부분의 경우 조달된 자금이 부채인지 자본인지 구분하는 것은 명확하다. 그러나 최근 들어 부채와 자본의 특징을 동시에 갖춘 복합적인 금융상품들이 등장하면서 이 경계가 모호해지고 있다. 그중 대표적인 사례가 흔히 영구채perpetual bond로 불리는 신종자본증권이다.

영구채란 무엇인가?

영구채는 원금 상환 없이 이자만 영구히 지급하는 채권으로, 일반적으로 만기가 30년으로 설정되어 있다. 발행 회사는 만기를 계속 연장할 수 있는 선택권을 가지고 있으므로, 기업이 명시적으로 상환해야 하는 의무가 없다. 다만 일정 기간(보통 3년이나 5년)이 지나면 이자율이 올라가는 가산금리step up 조건이 붙어 있어 발행사는 조기상환권call option을 행사할 수 있다. 즉 만기 전에 상환할 수 있는 것이다.

두산인프라코어의 영구채 사례

2012년 두산인프라코어는 한국 기업 중 처음으로 영구채를 발행했다. 당시 이 자금을 부채로 봐야 하는지 자본으로 봐야 하는지를 두고 큰 논란이 있었다. 회사는 상환 의무가 없으므로 영구채가 자본으로 분류되어야 한다고 주장했다. 반면 규제기관은 부채로 보아야 한다고 주장했다. 발행 후 시간이 흘러 가산금리가 붙게 되면 이자율이 크게 증가하므로, 발행자는 조기상환권을 행사해 결국 상환할 가능성이 높기 때문에 부채로 보아야 한다는 것이다. 이러한 논란 후 국제회계기준의 분류기준에 따라 영구채를 자본으로 분류하기로 결론이 내려졌다. 국제회계기준에서는 기업에게 상환의무가 있는 경우에 부채로 정의하기 때문이다.

최근에도 많은 기업이 영구채를 발행하고 있으며, 이는 국제회계기준에 따라 자본으로 분류된다. 이에 따라 영구채를 발행하면 자본이 증가하여 부채비율이 낮아지는 긍정적인 효과가 있다. 대부분의 영구채는 가산금리 조건으로 인해 이자율이 급등하므로 발행 기업이 조기상환권을 행사해 상환한다. 한국에서 발행된 영구채는 지금까지 예외 없이 조기상환되었다. 즉 회계적으로는 자본으로 분류되지만, 경제적 실질은 부채에 가깝다고 볼 수 있다. 따라서 영구채를 발행한 회사에 대한 재무안정성을 평가할 때 이 점을 신중히 고려하여 판단해야 한다.

자본

재무상태표의 자본: 주주의 몫

재무상태표에서 자본은 총자산에서 총부채를 차감한 금액과 동일하다. 이는 곧 주주들의 몫을 나타낸다. 자본은 크게 납입자본, 이익잉여금, 그리고 기타자본항목으로 구분할 수 있다. 자본의 구성요소를 요약하면 다음과 같다.

①**납입자본**: 주주가 주식을 취득하기 위해 회사에 실제로 납입

한 자본. 자본금과 자본잉여금으로 나뉜다.

② **이익잉여금**: 기업 설립 이후 누적된 당기순이익에서 배당금 등으로 주주에게 지급된 금액을 차감한 잔액.

③ **기타자본항목**: 기타포괄손익누계액과 자본조정을 합한 금액. 기타포괄손익누계액은 재무제표의 기타포괄손익에 반영된 항목(예: 해외자회사의 환율환산효과, 재평가이익 등)이며, 자본조정은 자본거래와 관련된 조정 금액이다.

더 보기

주식회사의 등장과 회계의 역할

15세기 후반 오스만 제국이 동방무역을 차단하면서 무역의 중심지가 이탈리아에서 네덜란드로 이동했다. 스페인으로부터 독립한 네덜란드는 식민지 개척을 통한 경제 성장을 목표로 했으나, 아직 정부의 기반이 취약하여 필요한 막대한 자금을 조달할 수 없었다. 자금 마련을 위해 네덜란드는 불특정 다수의 사람들에게 돈을 투자받는 제도인 주식회사라는 혁신적인 개념을 도입하여, 1602년 세계 최초의 주식회사인 동인도회사를 설립하였다. 동인도회사는 다수의 투자자들로부터 자금을 모아 식민지를 개척하고 이익을 배당하는 방식으로 운영되었다. 이는 식민지 착취를 기반으로 한 제국주의적 경제 구조의 일환이었다.

동인도회사의 특징과 주식회사의 탄생

동인도회사는 기존의 기업과 달리 다음과 같은 새로운 특징을 도입했다.

① 다수의 투자자 참여: 설립 당시 1,143명의 투자자가 참여했으며, 이는 이전의 소규모 상업 투자와는 비교할 수 없을 정도로 큰 규모였다.

② 계속기업: 동인도회사는 항해가 끝날 때마다 해산되던 기존의 동방무역 방식과 달리 지속적으로 운영되었다. 식민지 개척과 개발은 장기간에 걸쳐 진행되었기 때문에 기업의 지속성을 전제로 한 구조가 도입되었다.

③ 유한책임: 주주들은 투자한 금액 한도 내에서만 책임을 지며, 회사가 파산하더라도 추가 부채에 대한 책임은 지지 않았다. 이는 투자자들이 더 쉽게 참여할 수 있는 환경을 조성했다.

④ 증권화: 주식을 소유한 권리를 증명하는 증서가 발행되었고, 주식을 사고팔 수 있는 주식시장이 형성되었다. 이는 투자자들이 필요하다면 주식을 손쉽게 매각하여 현금화할 수 있는(즉 유동성을 확보할 수 있는) 수단이 되었다.

회계 시스템의 발전과 역할

동인도회사의 성공에는 복식부기를 기반으로 한 체계적인 회계 시스템이 큰 역할을 했다. 회사는 전 세계에 걸쳐 수만 명의 직원과 자원을 운영하며, 수익과 비용을 정확히 계산하고 이를 주주들에게 보고해야 했다. 회계 시스템은 회사의 자산을 관리하고 수익과 비용을 정확히 보고할 수 있게 하였고, 이를 기반으로 투자자에게 지급할 배당금을 결정할 수 있게 되었다. 신뢰할 수 있는 회계 시스템 덕분에 투자자들은 경영진을 믿고 자금을 투자할 수 있었다.

동인도회사의 성장과 주식시장의 발전

동인도회사는 설립 후 꾸준히 성장했다. 1620년 50척의 배로 시작한 무역은, 1690년에 150척, 1750년에는 300척 이상으로 증가했다. 이는 당시 세계 패권국가였던 영국의 전체 교역량을 능가하는 규모였다. 1650년까지 동인도회사가 지급한 배당금은 초기 투자금의 8배에 달했다. 회사의 주식 가격도 폭등했다.

이러한 동인도회사의 성공으로 다양한 회사들이 후속적으로 설립되고 주식 거래가 폭발적으로 증가했다. 주식의 담보대출, 공매도 등 현대 주식시장에서 발생하는 다양한 거래 형태도 탄생했다. 네덜란드는 이러한 혁신을 통해 세계 경제의 중심지로 부상했다.

보통주와 우선주

회사가 발행하는 주식에는 보통주와 우선주가 있다. 보통주common shares는 주식회사가 발행하는 기본적인 주식으로, 모든 주식회사가 발행해야 한다. 보통주를 가진 주주(보통주주)는 의결권을 통해 주주총회에서 경영에 참여할 수 있으며, 배당을 받을 수 있다.

일부 회사는 우선주를 추가로 발행하기도 한다. 우선주preferred shares는 보통주보다 우선적으로 배당을 받거나 회사 청산 시 잔여재산을 먼저 배분받을 권리를 가진 주식이다. 회사가 청산될 경우 채권자에게 자산을 먼저 지급한 후 남은 금액을 주주에게 배분하며, 이때 우선주가 보통주보다 우선권을 가진다. 보통주는 성과에 따라 배당률이 변동하지만, 우선주는 사전에 정해진 일정한 배당률을 지급받는 경우가 많다.

우선주는 일반적으로 의결권이 없어 주주총회에 참여하지 못하며, 이를 반영하여 보통주보다 낮은 가격에 거래되는 경우가 많다. 우선주는 보통주보다 잔여지분 분배에 우선권이 있고, 배당률이 사전에 정해질 수 있다는 점에서 부채의 특성을 일부 가진다.

더 보기

상환우선주

상환권이 부여된 우선주를 상환우선주redeemable preferred stock, RPS라고 한다. 상환우선주는 발행회사가 상환할 수 있는 권리(콜옵션)를 보유하는 경우도 있고, 우선주 투자자가 상환을 청구할 수 있는 권리(풋옵션)를 보유할 수도 있다. 상환권이 행사되면 기업은 주주에게 원금을 상환하고 해당 우선주는 소멸한다.

비상장기업들이 사용하는 일반기업회계기준K-GAAP에 따르면, 상환권의 존재와 관계없이 모든 우선주는 자본으로 분류한다. 주식이라는 법률적 형태에 따라 우선주를 자본으로 보는 것이다.

반면 상장기업들이 사용하는 국제회계기준K-IFRS에서는 상환우선주의 상환권을 누가 보유하느냐에 따라 자본 또는 부채로 분류가 달라진다. 상환권을 우선주 투자자(주주)가 보유하면 이를 부채로 분류한다. 이는 주주가 상환을 요구할 경우 기업이 원금을 상환해야 하는 의무가 있어 경제적 실질이 부채와 유사하기 때문이다. 반대로 상환권을 발행기업이 보유하면 자본으로 분류한다. 기업이 상환 여부를 선택할 수 있으므로 상환의무가 없고 따라서 부채가 아니라고 보는 것이다. 이를 요약하면 다음과 같다.

우선주의 구분	국제회계기준 (K-IFRS)	일반기업회계기준 (K-GAAP)
상환권을 기업이 보유	자본으로 분류	자본으로 분류
상환권을 주주가 보유	부채로 분류	

주주가 상환권을 보유한 상환우선주는 비상장기업 입장에서 유리한 금융상품이다. 상환 의무로 인해 부채와 유사함에도 자본으로 기록할 수 있기 때문이다. 자본으로 기록하면 부채비율(부채/자본)이 낮아져 재무적으로 건전하게 보이는 효과가 있다.

투자자 입장에서도 이러한 상환우선주는 일반 채권보다 유리하다. 상환우선주를 보유한 후 이자를 지급받다가 기업 상황이 악화되어 부채 상환 위험이 커질 경우, 상환권을 행사해 투자금을 돌려받을 수 있기 때문이다. 이처럼 상환우선주는 비상장기업과 투자자 모두에게 유리한 측면이 있어 널리 사용된다.

상환전환우선주

상환전환우선주는 상환권에 더해 보통주로 전환할 수 있는 전환권이 부여된 우선주를 말하며, 영어로 redeemable convertible preferred stock(RCPS)라고 한다. 한국에서 벤처기업이나 스타트업이 자금조달 목적으로 RCPS를 자주 활용한다. 투자자에게는 안정성과 성장 가능성을 동시에 제공하며, 발행사 입장에서는 보통주를 발행하는 것보다 자본 조달 비용을 낮출 수 있는 수단이기 때문이다.

비상장기업에 적용되는 일반회계기준에 따르면 상환전환우선주는 자본으로 분류된다. 하지만 상장기업에 적용되는 국제회계기준에서는 상환권을 누가 갖고 있는지, 전환가격 조정 조건이 포함되어 있는지에 따라 자본 또는 부채로 분류된다. 실무적으로는 대부분 부채로 분류되는 경우가 많다.

비상장기업이 상장을 준비하며 일반회계기준에서 국제회계기준으로 전환할 때, 상환전환우선주가 자본에서 부채로 재분류되면서 부채비율이 급격히 상승하는 사례가 자주 발생한다. 이는 기업의 재무구조에 큰 영향을 미칠 수 있어 상장 준비 과정에서 신중한 분석과 전략적 접근이 필요하다. 그래서 상장 전에 상환전환우선주의 전환권을 행사해서 보통주로 전환하는 경우가 많다.

이익잉여금은 쌓아 놓은 현금이 아니다

회사가 이익을 창출하면 이익잉여금이 증가하고, 손실이 발생하거나 배당금을 지급하면 이익잉여금이 감소한다. 이익잉여금은 손익계산서와 재무상태표를 연결하는 계정으로, 다음과 같은 관계가 성립한다.

기초이익잉여금 + 당기순이익 – 배당 = 기말이익잉여금

이익잉여금은 기업 내부에 유보된 이익을 의미하며, 종종 유보액이라고도 불린다. 이익잉여금 금액만큼 기업이 현금을 보유하고 있다고 잘못 해석하는 경우가 가끔 있다. 그러나 이익잉여금은 매출채권, 재고자산, 설비투자 등 다양한 자산에 투자된 상태일 수 있으므로 현금잔액과는 관련이 없다.

한편 이익잉여금이 음(-)의 값을 가지는 경우 이익잉여금 대신 누적결손금이라는 용어를 사용한다. 회사가 여러 기간 동안 손실을 기록하면 누적결손금이 발생하고, 심각한 경우 총자본이 음(-)의 값을 가질 수 있다.

기업은 자신이 발행한 주식을 다시 취득할 수 있다

기업은 주식을 발행해 자금을 조달하지만, 발행한 주식을 다시 취득하는 경우도 있다. 이를 자기주식treasury stock이라고 한다. 자기주식을 취득하는 과정에서 회사의 자금이 주주에게 지급되므로 주주환원 방법이라고 볼 수 있다.

자기주식은 의결권을 행사할 수 없으며 배당을 받지도 못한다. 즉 자기주식의 보유자인 기업은 주주로서의 권리를 행사할 수 없다. 그럼에도 불구하고 기업이 자기주식을 취득하는 이유는 무엇일까?

주가를 상승시키기 위해 자기주식을 취득하는 경우가 많다. 일단 자기주식을 매입하는 과정에서 시장에서 주식수요가 증가해 주가가 상승할 가능성이 있다. 또한 자기주식을 취득하면 시장에 유통되는 주식수가 감소하는데, 이에 따라 주당순이익EPS이 증가하여 성과가 높아 보이는 효과를 누릴 수 있다. 경영자가 현재 주가가 적정 기업가치보다 낮다고 판단할 경우, 회사는 자기주식을 취득하여 현재 주가가 저평가되었다는 신호signal를 줄 수 있다. 따라서 자기주식 취득은 주가가 향후 상승할 것이라는 기대로 작용하기 때문에, 자기주식을 취득한다는 뉴스가 발표되면 주가가 상승하는 경우가 많다.

때로는 대주주의 지분율을 높여 경영권을 강화하기 위해 자기주식을 취득하기도 한다. 대주주가 보유한 주식수는 동일한데, 시장에서 거래되는 주식수(유통주식수)가 감소하면 대주주 의결권의 비율이 높아지기 때문이다. 또한 자기주식을 활용해 직원들에게 성과보상 형태로 지급할 수도 있다.

회사가 취득한 자기주식은 취득원가로 기록되며, 자본에서 차감된다. 즉 자본에 음(-)의 항목으로 표시되는 것이다. 기업은 자기주식을 추후 처분하거나 소각할 수 있다.

더 보기

주가순자산비율

주가를 주당 순자산가치로 나눈 수치를 주가순자산비율price-to-book ratio, PBR이라고 한다. 순자산은 자산에서 부채를 차감한 것으로 자본을 말한다. 주당 순자산가치는 자기자본을 유통주식수로 나눈 것을 말한다. 유통주식수란 기업이 발행한 총주식 수에서 자기주식을 제외한 수량이다. 즉 시장에서 실제 유통되어 거래되고 있는 주식의 수를 말한다.

PBR은 회계상 기록된 순자산가치의 장부금액을 기준으로 주가가 높은지 또는 낮은지를 평가하는 지표로 많이 사용된다. PBR이 1보다 크다는 것은 주가가 순자산가치보다 높게 형성되어 있다는 것을 의미하며, PBR이 1보다 낮다는 것은 주가가 순자산가치에도 미치지 못한다는 뜻이다.

주가순자산비율(PBR) = 주가 / 주당 순자산

PBR의 수준은 산업별로 큰 차이가 발생한다. 예를 들어 대규모의 자산을 보유하고 있으나 수익률이 상대적으로 낮은 산업(예: 은행, 부동산, 철강)은 보통 PBR이 낮게 형성된다. 반대로 브랜드가치, 특허, 기술력과 같이 무형의 자산이 핵심경쟁력인 산업(예: 인터넷 플랫폼, 제약)에서는 PBR이 높은 경우가 많다. 회계상 기록되지 않은 무형의 자산 가치가 주가에 반영되기 때문이다.

흔히 PBR이 동종산업에 속한 기업들보다 높으면 현재 주가가 고평가되어 있다고 하고, PBR이 상대적으로 낮으면 현재 주가가 저평가되어 있다고 해석하기도 한다. 다만 PBR의 분자인 주가는 기업의 성장 가능성이나 미래수익성을 반영하고 있는데 반해, 분모로 사용되는 순자산의 장부금액은 과거 거래의 결과를 회계기준에 따라 기록한 것이라는 점을 유의해야 한다. 현재 장부금액이 낮더라도 미래 성장 가능성이 높으면 주가가 높을 수 있으며, 반대로 장부금액이 높더라도 미래 전망이 비관적이면 주가가 낮을 수 있다. 따라서 PBR이 낮다고 해서 반드시 저평가된 기업이라고 단정할 수 없으며, 반대로 PBR이 높다고 해서 반드시 고평가된 기업이라고 볼 수 없다.

실전 재무제표 읽기

1

애플Apple은 아이폰, 아이패드, 맥 컴퓨터 등 다양한 제품을 판매한다. 보통 제품을 판매하는 기업들은 재무상태표에서 제품생산을 위한 설비를 반영하는 유형자산의 비중이 매우 크다. 그러나 애플의 재무상태표를 보면 몇 가지 특징을 파악할 수 있다.

첫째, 자산 중 유형자산이 별로 없다. 유형자산이 총자산에서 차지하는 비중이 2024년 기준 12%에 불과하다. 애플은 자체 제조설비를 보유하지 않고 폭스콘과 같은 회사를 이용하여 아웃소싱을 통해 제품을 생산하기 때문이다.

둘째, 막대한 현금성 자산을 보유하고 있다. 2024년 기준 300억 달러에 이르는 현금및현금성자산을 보유하고 있다. 장단기 금융자산marketable securities까지 포함하면 금융상품이 총자산에서 차지하는 비중은 43%에 달한다.

셋째, 재고자산의 비중은 총자산의 2%로 매우 낮은 수준이다. 이렇게 낮은 재고수준은 효율적인 공급망 관리, 아웃소싱 제조전략, 제품에 대한 높은 수요를 반영한다고 볼 수 있다.

2

2024년 이커머스 플랫폼인 티몬과 위메프가 판매자들에게 판매 대금을 제때 정산하지 못하는 사태가 발생했다. 이로 인해 다수의 판매자와 소비자들이 피해를 입었다. 2023년 말 기준 위메프의 유동비율(유동자산/유동부채)은 19%에 불과했다. 일반적으로 유동비율이 100~120% 미만이면 유동부채를 상환하지 못할 가능성이 높다고 평가되는데, 19%라는 수치는 회사의 재무 위험도가 매우 높은 상태였음을 잘 보여준다.

이는 회사가 부도 위기에 처할 가능성이 충분히 예측되는 상황이었다고 볼 수 있다. 따라서 이렇게 위험도가 높은 거래처와의 거래는 사전에 신중히 검토했어야 한다. 그럼에도 불구하고 위메프의 도산으로 인해 다수의 개인과 기업이 피해를 입었다는 점은 거래 상대방의 신용도와 재무 건전성에 대해 충분히 검토하지 않았음을 시사한다. 이번 사례는 거래 상대방의 재무상태를 사전에 철저히 분석하고 위험을 평가하는 과정이 얼마나 중요한지 다시 한번 일깨워 준다.

평소 관심 있는 기업을 선택하고, 해당 기업의 최근 재무제표를 직접 찾아보자. 가능하면 주석이 포함된 연간 연결재무제표를 이용하여 아래의 질문에 답해 보자.

1. 주요 자산의 금액과 비중을 분석하라.
2. 단기부채와 장기부채의 비중은 어떤가?
3. 유동자산과 비유동자산의 비율이 차지하는 비중을 계산하라.
   (힌트: 총자산을 분모로 이용한다.)
4. 유동비율(유동자산/유동부채)를 계산하고 그 수치를 해석해 보시오.
5. 부채비율(총부채/총자본)을 계산하고 그 수치를 해석해 보시오.
6. 재무상태표 분석을 통해 해당 기업의 강점과 약점을 평가해 보시오.

5 | 연결재무제표

연결재무제표는 지배와 종속의 관계에 있는 회사들을 하나의 경제적 실체(연결실체)로 간주해 작성된 재무제표이다. 이는 연결실체에 속한 모든 회사의 수익, 비용, 자산, 부채를 합산해 보고하며, 내부거래(예: 지배회사와 종속회사 간 거래 또는 종속회사 간 거래)로 발생한 손익, 채권, 채무는 제거된다.

Consolidated
Financial Statements

재무제표와 연결재무제표:
무엇을 보아야 할까?

기업의 재무정보를 확인하기 위해서 금융감독원 전자공시시스템(dart.fss.or.kr)을 이용할 수 있다. 원하는 회사의 이름으로 검색하면 해당 회사가 공시한 모든 보고서를 확인할 수 있다. 특히 상장기업의 경우 사업보고서를 통해 재무제표를 확인할 수 있다.

그러나 이 과정에서 회계 초보자는 혼란을 겪을 수 있다. 재무제표를 확인하려 할 때, 다음과 같이 두 종류의 재무제표가 나타나기 때문이다.

- 재무제표
- 연결재무제표

그렇다면 이 중 어떤 재무제표를 선택해야 할까? 이를 이해하기 위해 먼저 연결재무제표가 무엇인지 알아보자.

연결재무제표란?

기업은 종종 다른 기업의 주식을 소유하여 그 기업에 영향력을 행사하거나 지배력을 가지게 된다. 예를 들어 새로운 사업을 위해 자회사를 설립하거나 해외 사업을 위해 해외 자회사를 세우는 경우가 이에 해당한다. M&A를 통해 다른 회사의 지분을 취득하기도 한다.

그 중 투자회사가 피투자회사에 대한 실질적인 지배력을 행사하고 있을 경우(예: 피투자회사의 지분 100%를 소유)에는 투자회사를 지배회사parent, 피투자회사를 종속회사subsidiary라고 한다.

연결재무제표consolidated financial statements는 지배와 종속의 관계에 있는 회사들을 하나의 경제적 실체(연결실체)로 간주해 작성된 재무제표이다. 이는 연결실체에 속한 모든 회사의 수익, 비용, 자산, 부채를 합산해 보고하며, 내부거래(예: 지배회사와 종속회사 간 거래 또는 종속회사 간 거래)로 발생한 손익, 채권, 채무는 제거된다.

예를 들어, 지배회사 A가 종속회사 B에 상품을 판매하였고 B가 이를 재고로 보유하고 있는 경우를 생각해 보자. A와 B의 재무제표를 그대로 합산하면, A가 B에 판매한 내부거래가 매출과 매출원가로 기록될 것이다. 그러나 연결실체 입장에서는 해당 재고는 여전히 연결실체 내에 존재하므로, 즉 외부에 판매된 것이 아니므로, 이 거래의 효과를 제거해야 한다. 이처럼 내부거래를 제거함으로써 연결실체의 정확한 재무상태와 경영성과를 반영할 수 있다. 국제회계기준은 연결재무제표를 주재무제표로 작성하도록 규정하고 있다. 따라서 연결재무제표를 우선 확인하도록 하자.

반대로 법률적으로 독립적인 개별 기업별로 작성하는 재무제표를 별도재무제표separate financial statements라고 한다. 전자공시시스템에서 '연결'이라는 표현 없이 재무제표라고 이름 붙여진 것은 실제로는 별도재무제표를 의미한다.

연결재무제표를 작성하는 이유

연결재무제표가 필요한 이유는 무엇인가? 첫째, 연결재무제표는 기업 그룹 전체의 포괄적인 재무정보를 제공한다. 개별 회사별로 작성된 별도재무제표만으로는 기업 그룹 전체의 재무상태와 경영성과를 종합적으로 이해하기 어렵다. 특히 종속회사가 여러 개 있거나 종속회사의 규모가 큰 경우, 지배회사와 종속회사의 재무제표를 합쳐서 전체적인 상황을 보는 것이 중요하다.

둘째, 연결재무제표는 지배회사와 종속회사 간의 내부거래 효과를 제거하여 기업의 실제 재무상태와 경영성과를 반영한다. 지배회사가 매출을 높게 보이게 하기 위해 종속회사에 밀어내기 매출을 발생시킨 경우 지배회사의 별도재무제표에는 부풀려진 매출액이 보고된다. 그러나 연결재무제표에서는 내부거래 효과가 제거되어, 이러한 인위적인 매출 부풀리기를 방지한다.

연결재무제표를 작성하기 위해서는 일단 각 개별 기업별로 별도재무제표를 작성한 후, 이를 합산하고 내부거래를 제거하는 등의 조정 과정을 거친다. 연결재무제표와 관련해서 다음의 두 가지 주제에 대해서 꼭 이해해야 한다.

- 피투자회사 중 어떤 회사를 연결할 것인가?
- 피투자회사의 재무상태와 경영성과는 연결재무제표에 어떻게 반영되는가?

어떤 회사를 연결할 것인가?

국제회계기준에 의하면 피투자회사를 실질적으로 지배하는 경우 연결재무제표에 포함해야 한다. 실질지배력 여부는 여러 요인을 고려하여 판단하지만, 일반적으로는 지분율이 50%를 초과하면 지배력이 있는 것으로 본다. 예를 들어 피투자회사에 대한 지분율이 100%이면 연결대상회사에 포함된다.

다만 지분율이 50%보다 낮은 경우에도 피투자회사에 대해 실질적인 지배권을 행사하는 경우 연결재무제표에 포함한다. 예를 들어 지분율이 40%이지만 투자회사가 최대주주이며 나머지 지분은 소액주주가 보유한다면 투자회사는 주주총회에서 주요 의사결정을 내릴 수 있을 것이다. 이때는 지배력이 있다고 본다.

반대로 지분율이 50%를 초과하더라도 지배력이 없는 경우도 존재한다. 예를 들어 지분율이 60%임에도 불구하고, 주주 간 계약에 따라 피투자회사의 주요 의사결정에 75% 이상의 찬성이 필요하다고 가정하자. 이 경우 투자회사는 단독으로 주요 경영 사항에 대한 의사결정을 할 수 없으므로 실질적으로 지배권을 행사할 수 없다. 따라서 피투자회사는 연결대상에 포함되지 않는다. 이처럼 어떤 회사를 연결할지를 결정하는 과정에는 전문가적 판단이 필요하다.

어떤 회사를 연결대상에 포함하거나 제외하는 판단이 왜 중요할까? 이에 따라 연결재무제표에 표시되는 재무상태와 경영성과에 직접적인 영향을 미치기 때문이다. 성과가 좋은 피투자회사를 연결하면 연결재무제표의 매출과 영업이익도 긍정적으로 보일 것이다. 반대로 성과가 부진한 피투자회사를 연결하면 연결재무제표에 부정적인 영향을 미친다.

재무제표 이용자는 주석을 통해 연결재무제표에 포함된 종속회사의 목록과 재무정보를 확인할 수 있다. 주석에는 연결대상 회사(종속회사)의 목록, 주요 종속회사의 자산, 부채, 매출액, 당기손익 등의 정보가 제시된다.

자회사에 대한 지분율이 100%보다 낮은 경우의 재무제표 합산 방법

연결대상인 피투자회사(종속회사)에 대한 지분율이 100%인 경우 종속회사의 자산, 부채, 수익, 비용을 전액 합산하여 연결재무제표를 작성한다. 그렇다면 지분율이 100%보다 낮은 경우에는 어떻게 합산할까? 예를 들어 지배회사가 70%의 지분을 보유한 종속회사가 있고, 해당 종속회사의 수익이 1,000, 비용이 600, 순이익이 400이라고 가정하자(내부거래는 없음). 연결재무제표에는 어떻게 반영될까?

종속회사에 대한 지분율과 상관없이 종속회사의 수익(1,000)과 비용(600)은 전액 연결손익계산서에 합산된다. 따라서 당기순이익 400도 연결손익계산서에 포함된다. 종속회사의 자산, 부채도 전액 합산된다.

지배회사가 소유하지 않는 나머지 지분(30%)에 해당하는 부분은 어떻게 처리될까? 이는 비지배지분non-controlling Interest으로 별도로 구분하여 표시된다. 위 예에서 종속회사 순이익 중 외부주주가 보유한 지분(30%)에 해당하는 120(=400×30%)은 비지배지분으로 표시되고, 지배회사의 몫인 70%에 해당하는 280(=400×70%)은 지배기업 소유주 지분으로 연결손익계산서에 표시된다.

연결손익계산서에서 당기순이익은 다음 두 가지로 구분된다.

① 연결실체에 귀속되는 부분(지배기업 소유주 지분)

② 연결실체에 귀속되지 않는 부분(비지배지분)

위의 구분은 연결손익계산서의 당기순이익 아래에 별도로 표시된다. 중요한 점은, 연결실체의 성과로 간주할 수 있는 것은 ①에 해당되는 부분뿐이라는 것이다. 연결손익계산서의 매출이나 영업이익 등 다른 항목은 이러한 구분 없이 전액 반영되므로, 경영자와 재무제표 이용자는 연결손익계산서의 수치가 모두 연결실체의 성과는 아니라는 점을 이해해야 한다.

종속회사에 대한 지분율이 높고 종속회사의 규모가 크지 않다면 비지배지분의 금액이 크지 않아 위의 구분이 큰 영향을 미치지 않는다. 그러나 종속회사의 규모가 크고 지배회사의 지분율이 낮은 경우, 비지배지분이 연결당기순이익에서 상당한 비중을 차지할 수 있다. 이때는 실질적인 성과를 정확히 파악하기 위해서는 비지배지분을 주의 깊게 살펴야 한다.

더 보기

지분율이 20%에서 50% 사이인 경우: 지분법 회계처리

피투자회사에 대한 지분율이 20% 이상 50% 이하인 경우, 직접적인 지배력은 없지만 유의적인 영향력significant influence을 행사할 수 있는 상황이 발생한다. 이런 경우 지분법equity method이라는 회계처리 방법을 적용하여 피투자회사의 성과를 투자회사의 재무제표에 반영한다.

일반적으로 지분율이 20% 이상이면 피투자회사에 유의적인 영향력이 있다고 판단한다. 단 지분율이 20% 미만이어도 계약, 이사회 구성, 주요 의사결정 참여 등의 요인으로 유의적인 영향력이 존재할 수 있다.

연결재무제표 작성시에는 피투자회사의 매출과 비용 등 전체 금액을 합산하게 되어 연결재무제표의 여러 계정에 영향을 미치지만, 지분법 회계처리에서는 피투자회사의 지분율에 해당하는 당기손익만큼을 지분법손익(영업외손익)으로 기록한다. 예를 들어 투자회사가 피투자회사의 지분 30%를 보유하고 있고, 피투자회사가 100의 당기순이익을 보고했다면, 투자회사는 30의 지분법이익을 기록한다. 반대로, 피투자회사가 100의 손실을 기록하면 투자회사는 30의 지분법손실을 기록한다.

지분법손익은 투자회사의 손익계산서에 영업외손익의 일부로 기록된다. 따라서 지분법 적용 시 피투자회사의 성과가 투자회사의 매출이나 영업이익에 직접적인 영향을 미치지 않지만, 투자회사의 당기순이익에는 영향을 미친다.

별도재무제표는 언제 사용되는가?

별도재무제표는 개별 기업 단위의 재무상태와 경영성과를 보여 주는 자료로, 연결재무제표와는 다른 중요한 목적을 위해 사용된다. 다음은 별도재무제표가 사용되는 주요 사례이다.

첫째, 별도재무제표는 법인세 계산의 기준이 된다. 세금은 개별 기업별로 과세되기 때문이다.

둘째, 상법상 기업은 배당가능이익의 범위 내에서만 배당할 수 있는데, 배당가능이익은 별도재무제표를 기준으로 산출된다.

셋째, 모회사와 자회사의 별도재무제표를 통해 개별 기업의 투자성과와 사업 효율성을 분석할 수 있다. 예를 들어 모회사의 별도재무제표상 매출액이 100, 영업이익이 30이고, 연결재무제표상 매출액이 160, 영업이익이 40이라고 가정하자. 내부거래는 없다고 하자. 두 재무제표 수치를 비교해보면, 자회사의 매출액(60)과 영업이익(10)을 계산할 수 있으며, 자회사의 수익성이 상대적으로 낮다는 것을 알 수 있다. 자회사가 여러 개인 경우, 각 자회사의 별도재무제표를 분석하여 개별 자회사의 수익성을 평가해 볼 수 있다.

실전 재무제표 읽기

평소 관심 있는 기업을 선택하여 그 기업의 최근 연결재무제표와 별도재무제표를 직접 찾아보자. 가능하면 주석이 포함된 연간 재무제표를 이용하여 아래의 질문에 답해 보자.

1. 연결재무제표에 포함된 종속회사의 주요정보(이름, 지분율, 성과)를 요약해 보자. (힌트: 연결재무제표 주석을 확인해 보자.)

2. 다음 항목의 금액을 연결재무제표와 별도재무제표에서 각각 찾아보고 비교해 보자.
   - 총자산
   - 매출액
   - 영업이익
   - 당기순이익

3. 연결손익계산서에서 비지배지분과 지배기업소유주지분 손익을 찾아보자.

4. 연결재무제표와 별도재무제표에서 부채비율(총부채/총자본)을 각각 계산하고 비교해 보자.

6 현금흐름표

좀 더 자세히

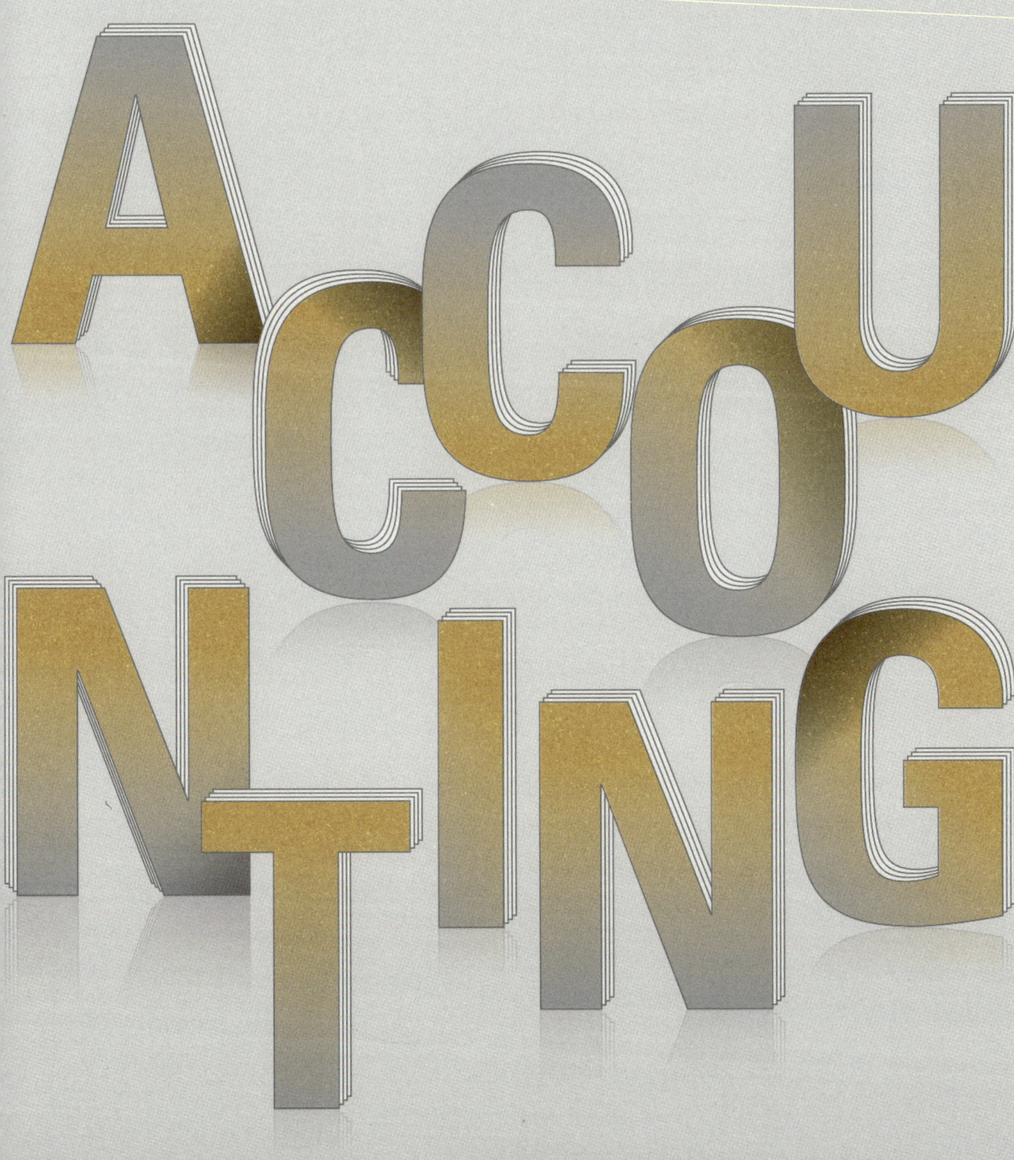

현금흐름표는 기업의 현금유입과 유출에 대한 정보를 활동별(영업, 투자, 재무)로 보여 준다. 현금흐름표는 특정 기간 동안 기업이 어떤 활동에서 현금을 창출하고, 어떤 목적으로 현금을 사용했는지를 명확히 보고한다.

Statement of Cash Flows: A Closer Look

현금은 왕이다!?

"현금이 왕이다Cash is king"라는 말이 있다. 이는 현금의 중요성을 강조하는 표현으로, 특히 경제적 불확실성이 높거나 경제위기 상황에서 자주 언급된다. 현금은 재고자산 구입, 직원 급여 지급, 부채 상환, 유형자산 취득 등 거의 모든 거래에서 필수적으로 사용된다. 따라서 기업의 생존과 운영을 위해 현금은 반드시 필요하다.

그런데 현금이 중요하다는 말은 다음의 두 가지를 의미한다.

첫째, 특정 시점에 회사가 보유하고 있는 현금의 잔액이 중요하다. 현금이 부족하면 비용을 지급하거나 부채를 상환하지 못할 수 있으며, 좋은 사업 기회를 놓칠 수도 있다. 따라서 적정 수준의 현금 보유는 기업 운영의 안정성을 위해 필수적이다.

둘째, 특정 기간 동안의 현금의 유입과 유출을 의미하는 현금흐름cash flows이 중요하다. 지속적인 현금흐름 창출은 기업의 재정적 안정성을 나타낸다. 반대로 음(-)의 현금흐름이 지속되면 이는 기업의 영업활동이나 자금조달에 문제가 있다는 신호로서, 궁극적으로 기업의 생존 가능성을 위협할 수 있다.

왜 현금흐름표가 필요한가?

현금의 잔액은 재무상태표의 '유동자산' 항목에서 현금및현금성자산을 보고 확인할 수 있다. 그러나 현금흐름에 대한 정보는 기존의 재무상태표나 손익계산서만으로는 파악하기 어렵다. 손익계산서는 거래가 발생한 시점을 기준으로 수익과 비용을 기록하는데, 이는 현금을 받거나 지급하는 것과는 큰 관련이 없다. 따라서 손익계산서에 보고된 이익은 현금흐름과 일치하지 않는다. 이익이 높다고 해서 현금흐름이 좋다고 단정할 수 없고, 반대로 손실이 발생해도 현금흐름이 양호할 수 있다.

현금흐름표statement of cash flows는 기업의 현금유입과 유출에 대한 정보를 활동별(영업, 투자, 재무)로 보여 준다. 현금흐름표는 특정 기간 동안 기업이 어떤 활동에서 현금을 창출하고, 어떤 목적으로 현금을 사용했는지를 명확히 보고한다.

왜 현금흐름의 출처를 알아야 할까? 예를 들어, 재무상태표의 현금잔액이 100억 원 증가했다고 하자. 이는 1년 동안 발생한 모든 거래의 순net 결과만 보여 주므로, 총유입과 총유출의 규모를 알 수 없다. 또한 현금잔액 증가의 주요 원인이 은행대출 때문인지, 주요 자산을 매각한 결과인지, 아니면 영업활동에서 현금을 창출했는지에 따라서 그 의미가 크게 달라질 것이다.

현금흐름표를 통해 어떤 활동을 통해 현금흐름이 발생했는지 알 수 있고, 이는 기업의 자금조달 현황, 투자전략, 영업능력과 지속가능성을 판단하는 데 중요한 정보가 된다.

현금흐름표의 구조와 예시

현금흐름표는 기업의 경영활동을 ① 영업활동 ② 투자활동 ③ 재무활동으로 구분하여, 각각의 활동에서 발생한 현금의 유입과 유출을 보고한다. 각 활동의 정의와 관련 현금흐름은 아래와 같다.

① **영업활동으로 인한 현금흐름**: 고객에게 재화나 용역을 제공하는 주된 영업활동에서 발생하는 현금흐름이다. 재고자산을 매입하는 것과 직원에게 급여를 지급하는 것은 영업활동에서 발생하는 현금유출이며, 고객에게 재화를 판매한 대금을 회수하는 것과 제공한 서비스에 대한 대가를 현금으로 수령하는 것은 영업활동에서 발생하는 현금유입이다.

② **투자활동으로 인한 현금흐름**: 미래의 수익 또는 현금을 창출하는 데 필요한 비유동자산을 매입하거나 처분하는 활동에서 발생한 현금흐름이다. 생산에 사용할 기계나 설비를 매입하는 것은 투자활동 현금유출이며, 사용하던 기계나 설비를 매각하

여 현금을 수령하는 것이나 장기투자 목적의 주식이나 채권을 처분하는 것은 투자활동 현금유입이다.

③ **재무활동으로 인한 현금흐름**: 기업운영을 위해 외부 자금을 조달하거나 기존 부채를 상환하는 활동에서 발생한 현금흐름이다. 은행에서 대출을 받거나 주식 발행으로 자본을 조달하는 활동은 재무활동 현금유입이다. 부채를 상환하거나 주주에게 현금배당금을 지급하는 것은 재무활동 현금유출이다.

예를 들어 ABC전자의 현금흐름표는 다음 〈표 6-1〉과 같다.

현금흐름표를 통해 ABC전자의 20x1년의 현금흐름과 관련하여 다음과 같은 내용을 확인할 수 있다.

I. **영업활동**:

- 영업활동에서 총 ₩230,000의 현금을 창출했다.
- 이는 회사의 주된 영업활동에서 발생한 긍정적인 현금흐름을 보여 준다.

II. **투자활동**:

- 투자활동에서 총 ₩430,000의 현금을 사용했다.
- 이는 주로 비유동자산 취득 등 미래 성장을 위한 투자에 집중했음을 나타낸다.

[표6-1] 현금흐름표의 예시

현금흐름표

20x1년 1월 1일 ~ 20x1년 12월 31일
20x0년 1월 1일 ~ 20x0년 12월 31일

ABC전자 (단위: 원)

	20x1년		20x0년	
Ⅰ. 영업활동 현금흐름		₩230,000		₩150,000
1. 당기순이익		390,000		300,000
2. 현금유출이 없는 비용의 가산		80,000		70,000
감가상각비	80,000		70,000	
3. 영업활동으로 인한 자산과 부채의 변동		(240,000)		(220,000)
매출채권의 증가	(185,000)		(150,000)	
재고자산의 증가	(125,000)		(120,000)	
매입채무의 증가	70,000		50,000	
Ⅱ. 투자활동 현금흐름		(430,000)		(300,000)
1. 투자활동으로 인한 현금의 유입		200,000		100,000
유형자산의 처분	200,000		100,000	
2. 투자활동으로 인한 현금의 유출		(630,000)		(400,000)
유형자산의 취득	(630,000)		(400,000)	
Ⅲ. 재무활동 현금흐름		100,000		200,000
1. 재무활동으로 인한 현금의 유입		300,000		250,000
단기차입금의 증가	200,000		150,000	
유상증자	100,000		100,000	
2. 재무활동으로 인한 현금의 유출		(200,000)		(50,000)
단기차입금의 감소	(100,000)			
배당의 지급	(100,000)		(50,000)	
Ⅳ. 현금의 순증감(Ⅰ+Ⅱ+Ⅲ)		(100,000)		50,000
Ⅴ. 기초의 현금		210,000		160,000
Ⅵ. 기말의 현금		₩110,000		₩210,000

Ⅲ. **재무활동**:

- 재무활동에서 총 ₩100,000의 현금을 조달했다.
- 이는 투자 활동에 필요한 자금 중 일부를 외부에서 조달했음을 보여 준다.

각 활동에서 발생한 현금흐름을 합치면(= ₩230,000 - ₩430,000 + ₩100,000) 결국 ₩100,000만큼의 현금이 감소한 것을 알 수 있다. 이는 현금흐름표의 'Ⅳ. 현금의 순증감'에 표시된다. 이를 기초의 현금(₩210,000)에 더해 주면 기말의 현금(₩110,000)이 산출되는 구조이다.

재무상태표를 통해서는 현금의 순증감액만 알 수 있는 반면, 현금흐름표는 이러한 현금 변화가 영업활동, 투자활동, 재무활동 중 어떤 활동에 의해 발생했는지 구체적으로 보여 준다.

영업현금흐름의 의미

영업활동으로 인한 현금흐름은 특정 기간 동안 기업의 주요 영업활동에서 발생한 현금의 유입과 유출을 나타낸다. 영업현금흐름이 양(+)이라는 것은 기업이 주된 영업활동을 통해 현금을 창출하고 있음을 의미하며, 이는 기업의 지속 가능성과 안정성을 평가하는 데 중요한 지표다. 영업현금흐름이 음(-)이면 기업이 영업활동에서 현금을 벌기보다 소모하고 있음을 의미한다. 예를 들어 사업 초기에는 매출규모가 작거나 수익성이 낮아 음(-)의 현금흐름이 발생할 수 있다.

장기적으로 음(-)의 영업현금흐름을 기록한다면 사업모델의 한계나 경쟁력 부족을 나타낼 수 있으며, 이는 기업 생존을 위협할 수도 있다. 영업현금흐름은 기업의 주요 자금조달 원천이 되기 때문이다. 영업활동에서 지속적으로 음(-)의 현금흐름이 발생한다면 이를 만회하기 위해 외부로부터 자금을 조달해야 하는데, 이는 결국 채무부담 증가, 자금조달 능력 약화, 파산 위험으로 이어질 수 있다.

영업현금흐름과 이익의 차이

영업현금흐름과 이익은 서로 다른 개념으로, 다음과 같은 차이가 있다.

- **이익**: 현금 유입 및 유출과는 관련 없이 거래가 발생했을 때 수익과 비용을 기록함에 따라 산출된다. 예를 들어 외상매출의 경우 현금유입은 발생하지 않았지만 수익으로 인식한다.
- **영업현금흐름**: 영업활동에서 발생한 실제 현금의 유입과 유출을 반영한다.

예를 들어 이익을 기록했더라도 영업현금흐름이 낮은 경우가 있다. 단기적으로 매출을 확장하기 위해 무리하게 외상판매를 늘리거나 거래처에 후한 결제조건을 허용한 경우 매출채권이 빨리 현금으로 회수되지 않아 영업활동으로 현금흐름이 악화될 수 있다. 〈표 6-1〉에서 제시된 ABC전자의 경우 영업활동 현금흐름(₩230,000)이 당기순이익(₩390,000)보다 낮다. 매출채권의 증가(₩185,000)와 재고자산의 증가(₩125,000)가 이 두 수치 간 차이를 발생시키는 주 원인이다. 즉 외상판매로 인한 대금이 회수되지 않아 실질적인 현금유입이 부족하고, 생산한 재고가 판매되지 않아 현금이 묶여 있기 때문에 영업현금흐름이 상대적으로 낮다고 해석할 수 있다.

반대로 손익계산서상 이익보다 영업현금흐름이 높을 수도 있다. 미국 기업인 아마존의 경우 1994년 설립 후 계속적으로 영업현금흐름이 영업이익이나 당기순이익보다 크다. 투자로 인해 매년 발생하는 감가상각비는 이익을 줄이는 반면 영업현금흐름에는 영향이 없고, 온라인판매업의 특성으로 인해 고객으로부터 현금은 신속히 회수되지만, 공급업체에 대한 대금은 상대적으로 천천히 지급하기 때문이다. 이러한 특성이 이익보다 영업현금흐름을 높게 만든다.

이익과 영업현금흐름을 비교하면 이익의 질earnings quality을 평가할 수 있다. 영업이익이나 당기순이익과 같은 이익을 결정할 때는 경영자의 주관적인 판단이나 추정이 반영된다. 따라서 경영성과가 나쁜 회사가 의도적인 이익조정을 통해 이익을 높게 보고할 가능성도 있다. 반면 영업현금흐름은 경영자의 의도적 판단 개입이 적어서 기업 성과를 좀 더 객관적으로 반영한다.

보고된 이익이 영업현금흐름과 유사하게 움직인다면 그 이익의 질은 높다고 할 수 있다. 반대로 이익은 높으나 영업현금흐름은 낮은 경우 또는 두 수치가 너무 다르게 움직이는 경우에는 이익의 질이 낮다고 할 수 있다. 이 경우 미래 이익 지속 가능성이 낮을 수 있다. 만약 이익이 높은데 영업현금흐름이 낮다면 이익이 과대보고되었을 가능성이 있다. 따라서 투자자는 이런 점들을 고려해 기업의 경영성과를 평가해야 한다.

투자활동 현금흐름

투자활동 현금흐름은 기업이 투자를 위해 얼마만큼의 돈을 사용했는지를 보여 준다. 정상적인 기업이라면 미래 성장을 위해 지속적인 투자가 필요하기 때문에 보통 투자활동 현금흐름은 음(-)의 값을 갖는다. 만약 투자활동 현금흐름이 양(+)이라면, 기업이 보유하고 있던 비유동자산을 매각해서 현금유입이 발생한 상황으로, 기존 투자를 철회하고 있다는 것을 의미한다.

투자활동에 필요한 자금은 주로 영업활동에서 창출된 현금으로 충당된다. 영업활동 현금흐름과 투자활동 현금흐름(특히 유형자산 순 취득금액)을 합한 금액을 잉여현금흐름free cash flow이라고 한다.

ABC전자의 경우는 잉여현금흐름이 ₩-200,000(= ₩230,000 - ₩430,000)이다. 영업활동으로 벌어들인 현금흐름이 투자에 사용된 금액을 충당하지 못하고 있다. 부족한 금액은 재무활동을 통해 조달해야 한다.

잉여현금흐름이 양(+)이라면 영업활동을 통해 번 돈으로 투자자금을 충당하고도 현금흐름이 남는다는 것인데, 이를 이용하여 배당을 지급하거나 부채를 상환할 수 있다.

재무활동 현금흐름

재무활동 현금흐름은 기업이 외부에서 자금을 조달하거나 기존 자금을 상환하는 활동과 관련된다. 부채를 빌려오거나 유상증자를 통해 자본을 증가시키는 것이 자금조달의 예다. 부채의 상환, 배당금의 지급, 자기주식의 매입과 같이 자금을 주주나 채권자에게 돌려주는 것은 자금을 상환하는 활동에 해당된다.

재무활동 현금흐름이 양(+)의 값이라는 것은 외부로부터 자금을 조달한다는 것이다. 대출이 증가하거나 유상증자를 실시하고 있는 상황이다. 주로 기업의 설립 초기나 성장 단계에서 이러한 현금흐름이 나타난다. 재무활동 현금흐름이 음(-)의 값이라는 것은 기존에 조달했던 자금을 상환하거나 주주에게 반환하고 있다는 것이다. 예를 들어 부채 상환이나 배당금 지급, 자사주 매입이 발생하고 있는 상황이다. 주로 성숙 단계에 속한 기업에게 나타난다.

더 보기

기업의 성장 단계에 따른 현금흐름 패턴

기업의 현금흐름 패턴은 기업의 성장 단계에 따라 달라진다. 다음은 설립 초기와 성숙한 기업의 전형적인 현금흐름 패턴이다.

설립 초기 단계의 기업들은 보통 영업활동에서 음(-)의 현금흐름, 투자활동에서 음(-)의 현금흐름, 재무활동에서 양(+)의 현금흐름을 갖는다. 사업 초기에 매출 규모가 작고 운영비용이 많이 소요되어 영업활동에서 현금을 창출하지 못하기 때문에 영업활동 현금흐름이 음(-)이고, 설비투자, 연구개발, 시장 확장 등 미래 성장을 위한 투자를 집중적으로 하기 때문에 투자활동 현금흐름이 음(-)이다. 또한 영업과 투자활동에 필요한 자금을 외부에서 조달해야 하므로 재무활동 현금흐름이 양(+)이다. 주로 은행 대출, 유상증자 등을 통해 자금을 확보하게 된다.

성숙 단계의 기업의 경우 영업활동에서 양(+)의 현금흐름, 투자활동에서 음(-)의 현금흐름, 재무활동에서 음(-)의 현금흐름을 갖는 경우가 많다. 안정적인 매출과 비용 구조를 통해 지속적으로 현금을 창출하면서, 기존 사업 유지 및 성장 지원을 위한 설비 투자 등에 현금을 지출한다. 영업활동으로 창출한 현금으로 투자 자금을 충당하고 남은 자금을 주주와 채권자에게 환원하게 된다. 주주 배당금 지급, 자사주 매입, 부채 상환 등이 재무활동 현금흐름에 포함된다.

더 보기

산업혁명과 대공황에서 회계의 역할과 발전

18세기 산업혁명과 함께 과학이 비약적으로 발전하면서, 동인도회사와는 전혀 다른 형태의 기업들이 등장했다. 이 과정에서 자본주의 체제가 자연스럽게 탄생했으며, 이전과는 비교할 수 없을 정도로 큰 규모의 기업들이 나타났다. 만약 회계가 없었다면 투자자들이 기업을 신뢰하고 자금을 투자할 수 없어 불특정 다수의 주주로부터 대규모 자금을 조달하는 것이 불가능했을 것이다.

산업혁명은 생산력을 획기적으로 증가시켰고, 그 결과 인류의 평균 생활 수준이 크게 향상되었다. 또한 소수의 왕족과 귀족이 부를 독점하던 시대에서 벗어나 다수의 시민이 중심이 된 현대 민주사회로의 이행에 자본주의의 발전이 중요한 역할을 했다.

이 시기부터 기업들은 투자자들에게 신뢰를 주기 위해 자발적으로 독립적인 전문가의 감사를 받은 재무정보를 공표하기 시작했다. 즉 회계는 기업의 발전뿐만 아니라 자본주의의 발전과 인간 생활 수준의 향상에 큰 기여를 했다. 독일의 대문호 괴테는 회계를 "인류의 가장 위대한 발명품 중 하나"라고 칭했으며, 사회학자 좀바

르트와 경제학자 슘페터 또한 자본주의 발전의 선결 조건으로 회계를 강조했다.

당시 유럽과 미국에서 가장 규모가 컸던 기업은 광산기업과 철도기업이었다. 투자금을 유치하려는 경쟁 속에서 일부 기업은 분식회계를 통해 이익을 부풀렸고, 주가 거품이 발생했다. 기업들은 비싼 가격에 신주를 발행해 자금을 확보하고 설비투자를 늘렸지만, 생산된 제품이 점점 팔리지 않으면서 과잉생산 문제에 직면했다. 이로 인해 시장의 불안감이 커지던 중, 1929년 10월 24일 뉴욕 증권거래소에서 주가가 폭락하면서 대공황이 시작되었다. 불과 4년 만에 전체 근로자의 약 1/3이 실업자가 되었고, 공업생산은 절반 가까이 감소했다.

이후 대공황이 재발하는 것을 막기 위해 증권법과 증권거래법이 제정되었고, 증권거래위원회[SEC]가 설립되었다. SEC의 주도로 재무제표 작성 및 공시 규정이 마련되었으며, 모든 기업이 따라야 할 회계기준과 독립적인 공인회계사에 의한 의무감사제도도 도입되었다. 이러한 과정을 통해 현대 회계제도와 재무보고 규정이 자리 잡게 되었다.

실전 재무제표 읽기

재무제표 중 손익계산서와 재무상태표가 가장 주목받는다. 특히 손익계산서는 기업의 경영성과를 직접적으로 보여 주기 때문에, 미국의 많은 기업들은 사업보고서(10-K)에서 손익계산서를 가장 앞에 제시하는 것이 일반적이다. 하지만 아마존은 예외적으로 현금흐름표를 가장 먼저 제시한다. 이는 아마도 강한 현금흐름을 강조하려는 의도인 것으로 보인다.

아마존은 사업 초기부터 오랜 기간 동안 영업이익이나 당기순이익이 매우 낮거나 때로는 손실을 기록하기도 했지만, 영업현금흐름은 항상 양(+)의 값을 유지했으며 이익 수치보다 훨씬 컸다. 이는 아마존의 사업모델과 관련이 있다. 전자상거래를 중개하면서, 고객으로부터는 즉시 결제를 받고 공급업체에는 나중에 대금을 지급하는 구조이기 때문이다. 이 같은 사업 모델은 성장하는 동안 지속적으로 풍부한 현금흐름을 창출한다.

또한 아마존은 매년 대규모 투자를 수행하기 때문에 대규모의 감가상각비가 발생한다. 감가상각비는 비용항목이므로 이익을 감소시키지만, 실제로는 현금유출이 없는 비현금성 비용이다. 이러한 이유로 이익보다 영업현금흐름이 더 크게 나타나는 효과가 있다.

평소 관심 있는 기업을 선택하고, 해당 기업의 최근 재무제표를 직접 찾아보자. 가능하면 주석이 포함된 연간 연결재무제표를 이용하여 아래의 질문에 답해 보자.

1. 재무상태표에서 현금및현금성자산은 전년 대비 얼마나 증가 또는 감소하였는가?

2. 영업활동에서 발생한 현금흐름은 얼마인가?
3. 영업활동에서 발생한 현금흐름과 손익계산서상 영업이익을 비교해 보시오. 두 수치 간 주요한 차이는 왜 발생했는가?
4. 투자활동 현금흐름의 주요 항목은 무엇인가? 최근 추세는 어떠한가? 회사의 성장전략과 연관지어 평가해 보시오.
5. 재무활동 현금흐름의 주요 항목은 무엇인가?
6. 회사의 잉여현금흐름은 얼마인가?

7 | 재무제표 분석

재무제표분석은 의사결정에 필요한 정보를
재무제표에서 추출하고 해석하는 과정을 말한다.
기본적인 재무제표분석 방법은
재무제표의 숫자를 활용해 간단한 비율(재무비율)을
계산하고 이를 해석하는 것이다.

Financial Statement Analysis

재무제표 분석이란?

회계는 기업에 대한 가장 중요한 정보의 원천이다. 회계정보는 재무상태, 경영성과, 현금흐름 등 포괄적인 정보를 제공하여 정보이용자의 의사결정을 돕는다. 그러나 재무제표는 방대한 숫자와 주석으로 구성되어 있어, 이를 읽고 해석하는 데 많은 시간과 노력이 필요하다. 특히 동일 업종의 여러 기업을 비교하려면 분석해야 할 재무제표의 양이 크게 늘어난다.

이때 필요한 것이 재무제표분석financial statement analysis이다. 이는 의사결정에 필요한 정보를 재무제표에서 추출하고 해석하는 과정을 말한다. 기본적인 재무제표분석 방법은 재무제표의 숫자를 활용해 간단한 비율(재무비율)을 계산하고 이를 해석하는 것이다.

비율분석

재무제표의 항목 간의 관계를 분석하는 것을 비율분석ratio analysis이라 한다. 재무비율은 크게 수익성, 활동성, 유동성, 안전성 비율로 구분된다. 각 개념은 다음과 같다.

① 수익성비율은 기업이 이익을 창출할 수 있는 능력을 나타낸다.
② 활동성비율은 회사가 보유한 자산을 얼마나 효율적으로 사용하는지를 측정한다.
③ 유동성비율은 회사가 단기부채를 상환할 능력을 측정하는 지표로, 특히 채권자가 중요하게 여긴다.
④ 안전성비율은 기업이 장기부채를 상환할 능력을 나타내는 지표이다. 유동성비율이 단기부채 상환능력을 평가한다면, 안전성비율은 장기부채 상환능력을 평가한다.

재무제표를 이용하여 재무비율을 직접 계산할 수도 있으나, 다양한 증권 플랫폼이나 포털사이트에서 재무비율을 제공하기도 한다. 따라서 계산된 재무비율을 해석하는 것이 중요한데, 보통 과거수치나 동종산업의 다른 회사의 수치와 비교한다.

각 영역별로 흔히 사용되는 구체적인 재무비율의 의미와 계산방법을 다음에 제시하였다. 다음의 재무비율 중 일부는 본문에서 이미 설명되었지만, 참고 목적으로 다시 제시한다.

수익성

1. 매출총이익률

매출총이익률은 매출액 대비 매출총이익이 얼마인지를 나타낸다. 매출활동에서 가장 직접적인 비용인 매출원가를 차감한 매출총이익이 매출액 대비 높을수록 수익성이 높다.

매출총이익률 = 매출총이익 / 매출액

위 식의 분자에 영업이익이나 당기순이익을 사용하여 매출액 대비 영업이익 또는 당기순이익 창출 능력을 분석할 수 있다.

2. 총자산이익률

총자산이익률return on assets, ROA은 보유 자산이 당기성과 창출에 얼마나 기여했는지를 나타낸다.

총자산이익률 = 이자비용차감전이익(또는 당기순이익) / 평균총자산

총자산은 자본과 부채를 포함하므로, 분자로 이자비용차감전이익(또는 영업이익)을 사용하는 것이 타당하다. 실무적으로는 당기순이익을 사용하는 경우도 있으며, 이때는 총자산 대비 당기순이익 창출 정도를 나타내는 지표로 해석된다. 분자는 일정 기간 동안의 성과를 나타내고, 분모는 특정 시점의 자산을 반영하므로, 분모는 기초와 기말의 평균을 사용하는 경우가 많다.

3. 자기자본이익률

자기자본이익률return on equity, ROE 또는 자본이익률은 자본 투입으로 창출된 순이익을 측정한다.

자기자본이익률 = 당기순이익 / 평균자본

자기자본이익률이 높다면 주주가 투입한 자본이 효과적으로 활용되어 높은 수익성을 달성한 것이다.

활동성

1. 매출채권회전율

매출채권회전율은 매출채권이 얼마나 효율적으로 관리되는지를 나타낸다. 이는 회계기간 동안 매출채권을 평균적으로 몇 번 회수했는지를 보여 준다. 매출채권회전율이 높을수록 매출채권이 빠르게 회수되는 것을 의미한다. 반면 회전율이 낮으면 매출채권 회수가 느리거나 채권의 부실화 가능성이 있을 수 있다.

매출채권회전율 = 매출액 / 평균매출채권

회사의 신용정책이나 산업별 특성에 따라 매출채권회전율은 다르므로, 다른 산업 간 단순 비교는 잘못된 의사결정을 초래할 수 있다.

2. 재고자산회전율

재고자산회전율은 매출원가를 평균재고자산으로 나눈 값으로, 회사가 평균적으로 재고자산을 몇 번 판매했는지를 보여 준다. 회전율이 높으면 재고자산이 효율적으로 관리되고 있다는 뜻이다. 반면 회전율이 낮으면 재고과잉, 판매부진, 또는 진부화 가능성이 있다. 계산된 재고자산회전을 해석할 때는 회사의 재고관리정책과 산업별 특성을 고려해야 한다.

재고자산회전율 = 매출원가 / 평균재고자산

3. 총자산회전율

총자산회전율은 회사가 수익을 창출하기 위해 총자산을 얼마나 효율적으로 사용하는지를 나타낸다.

총자산회전율 = 매출액 / 평균총자산

총자산회전율이 높을수록 자산이 효율적으로 사용되고 있다고 평가할 수 있다.

유동성

1. 유동비율

유동비율은 유동자산을 유동부채로 나눈 값이다. 유동비율이 높을수록 유동부채에 비해 유동자산이 많아 단기부채 상환능력이 양호하다고 평가할 수 있다.

유동비율 = 유동자산 / 유동부채

2. 당좌비율

당좌비율은 유동자산에서 재고자산을 제외하여 계산한 당좌자산을 유동부채로 나눈 값이다. 재고자산은 다른 유동자산보다 유동성이 낮으므로, 당좌비율은 유동비율보다 기업의 유동성을 정확히 나타낸다. 유동비율이 높더라도 재고자산 비중이 높으면 당좌비율은 낮을 수 있다.

당좌비율 = 당좌자산 / 유동부채

유동비율과 당좌비율이 과도하게 높다면, 유동자산에 불필요한 투자가 이루어져 경영이 비효율적일 가능성이 있다.

안전성

1. 부채비율

부채비율은 총부채를 자본으로 나눈 값이다. 이 비율이 높으면 부채 상환 가능성이 낮아지고, 낮으면 안정적이지만 레버리지 효과를 활용하지 않는 것으로 볼 수 있다. 분모로 자본 대신 총자산을 사용하기도 한다.

부채비율 = 총부채 / 자본

2. 이자보상비율

이자보상비율은 회사가 부채의 이자비용을 지급할 수 있는 능력을 나타낸다. 이 비율이 1보다 작으면 이익으로 이자비용을 지급하기에 부족하다는 뜻이다.

이자보상비율 = 이자비용차감전이익 / 이자비용

더 보기

ROE의 분해

ROE는 주주의 투자 수익성을 나타내는 지표로, 주주가치 창출의 핵심 척도라고 할 수 있다. 기업은 주주가 기대하는 수익률(자기자본비용)보다 더 높은 ROE를 달성해야 한다.

어떤 기업의 ROE를 평가하거나 전년 대비 변화를 분석할 때, 그 이유를 구체적으로 파악할 수 있는 방법이 있다. ROE 분해라는 방법으로, 아래와 같이 ROE를 구성하는 주요 요소들로 나누어 보면 더 의미 있는 해석을 할 수 있다.

$$\text{자기자본이익률(ROE)} = \frac{\text{당기순이익}}{\text{평균자본}}$$

$$= \frac{\text{당기순이익}}{\text{매출}} \times \frac{\text{매출}}{\text{평균총자산}} \times \frac{\text{평균총자산}}{\text{평균자본}}$$

$$= \text{순이익률} \times \text{총자산회전율} \times \text{재무레버리지}$$

위의 식에서처럼 ROE는 ①순이익률, ②총자산회전율, ③재무레버리지의 곱으로 나타낼 수 있다.

- 순이익률: 매출 1원당 얼마나 많은 당기순이익을 얻는지를 나타낸다.
- 총자산회전율: 총자산(투자)을 효율적으로 활용해 매출을 창출하는 능력을 보여 준다.
- 재무레버리지: 경영진이 주주 투자로 확보한 자본에 더해 부채를 얼마나 활용하는지를 측정한다.

ROE를 높이려면 이 세 가지 요소 각각의 개선이 이루어져야 한다. 또한 이러한 분석은 기업이 주주에게 더 높은 수익률을 제공하기 위해 선택할 수 있는 전략에 대한 시사점을 제공한다. 예를 들어 높은 가격 책정을 통해 순이익률을 높이는 방법,

자산을 효율적으로 활용해 총자산회전율을 개선하는 방법, 또는 부채 활용을 통해 재무레버리지를 증가시키는 방법으로 ROE를 향상시킬 수 있다.

기업의 ROE가 전년도 대비 감소했다면, 이러한 분석을 통해 원인을 구체적으로 파악할 수 있다. 이를 바탕으로 어떤 부분에서 개선이 필요한지를 진단하고, 전략을 수립할 수 있다.

실전 재무제표 읽기

같은 산업에 속한 두 개의 기업을 선택하고, 해당 기업의 최근 재무제표를 직접 찾아보자. 가능하면 주석이 포함된 연간 연결재무제표를 이용하여 아래의 질문에 답해 보자.

1. 두 회사의 최근 2년간 자기자본이익률ROE을 계산하시오.
2. 두 회사의 최근 2년간의 ROE를 세 가지 구성 요소(수익성, 효율성, 레버리지)로 나누어 보고, 세 가지 구성요소를 곱한 수치가 ROE와 일치하는지 확인해 보시오.
3. 어떤 회사의 수익성이 더 높은가? (힌트: ROE, 순이익률, 매출총이익률, 영업이익률 등의 수익성 지표를 바탕으로 두 회사를 비교하시오.)
4. 어떤 회사가 자산을 더 효율적으로 사용하고 있는가? (힌트: 총자산회전율 및 기타 자산 구성요소의 회전율을 바탕으로 두 회사를 비교하시오.)
5. 두 회사는 부채(레버리지) 활용 측면에서 어떻게 다른가?

저자 소개

최종학

서울대학교 경영대학 회계학 전공 교수.

서울대학교 경영학과에서 학사와 석사, 미국 일리노이대학교에서 박사학위를 받았다. 홍콩과기대학 교수를 거쳐 2006년부터 서울대학교 교수로 재직 중이다. 홍콩과기대학 재직 중 매년 우수강의상을 수상했으며, 서울대학교에 부임한 후에도 우수강의상과 우수연구상을 다수 수상했다. 현재 서울대학교 CFO과정 주임교수를 담당하고 있다. 회계분야 세계 최고의 학술지에 다수의 논문을 출판했다. 저서로는 학문 이론과 현실 사례를 결합한 경영분야 베스트셀러 『숫자로 경영하라』 시리즈(1~5권), 대학교재 『재무제표분석과 기업가치평가』와 『사례와 함께하는 회계원리』, 수필집 『잠시 멈추고 돌아보는 시간이 필요한 순간』이 있다. 『매일경제』가 뽑은 '한국의 경영대가', 『동아일보』가 뽑은 '10년 후 한국을 이끌어 갈 100인'에 선정된 바 있다. 정진기언론문화상, 서울대학교 학술연구교육상, 미래에셋 중견경영학자상을 수상했으며, ㈜풀무원, ㈜아모레퍼시픽, 미래에셋자산운용㈜에서 사외이사로 활동했다.

저자 소개

최선화

서울대학교 경영대학 회계학 전공 교수.

서울대학교 경영학과에서 학사와 석사, 박사학위를 받았다. 영국 랭커스터대학교와 성균관대학교에서 근무하였으며 2020년부터 서울대학교 경영대학에서 교수로 재직 중이다. 한국공인회계사, 국제재무분석사(Chartered Financial Analyst) 자격을 갖고 있으며, 삼정KPMG 회계법인 감사부문에서 일한 실무경력이 있다. *The Accounting Review*, *Contemporary Accounting Research* 등 세계적인 회계학 저널에 다수의 연구논문을 발표하였으며, 국내외 저널의 편집위원의 역할을 하고 있다. 키움증권㈜, HD현대오일뱅크㈜, 신한캐피탈㈜에서 사외이사와 감사위원회 위원장으로 활동했으며, 2023년 회계의 날에 금융위원회 위원장 표창을 받았다. 저서로 『사례와 함께하는 회계원리』가 있다. 재무회계, 기업공시, 회계감사, 조세전략 등의 주제에 대해 연구하고 강의하고 있다.